Peter Cornelius
Führung von Beraterr

Peter Cornelius

Führung von Beratern in der öffentlichen Verwaltung

DUV Deutscher Universitäts Verlag
GABLER · VIEWEG · WESTDEUTSCHER VERLAG

Die Deutsche Bibliothek — CIP-Einheitsaufnahme

Cornelius, Peter:
Führung von Beratern in der öffentlichen Verwaltung / Peter Cornelius. — Wiesbaden : Dt. Univ.-Verl., 1993
(DUV : Wirtschaftswissenschaft)
Zugl.: Oldenburg, Univ., Diss., 1991

Der Deutsche Universitäts-Verlag ist ein Unternehmen der Verlagsgruppe Bertelsmann International.

ISBN 978-3-8244-0156-7 ISBN 978-3-322-91783-6 (eBook)
DOI 10.1007/978-3-322-91783-6

Geleitwort

Die vorliegende Arbeit befaßt sich mit der Führung in öffentlichen Verwaltungen. Speziell analysiert sie die Führungssituation, mit der die bei der Bundesanstalt für Arbeit tätigen Berufsberater konfrontiert werden.

Einem praxisbezogenen Teil, der Aspekte der Arbeitssituation in der Berufsberatung behandelt, folgt ein ausführlicher Überblick über die theoretischen Ansätze zur Personalführung.
Nach der Behandlung der Führungspraxis in der Bundesanstalt für Arbeit wird die geübte Kritik ins Konstruktive gewendet.

Mit dieser Arbeit wird eine umfassende Darstellung, kritische Analyse und Bewertung der Arbeits- und Führungssituation in der Berufsberatung geleistet, die in dieser Form bisher fehlt.
In ihr entwickelt der Verfasser Elemente eines Führungskonzeptes, welches die festgestellten Mängel der Führungspraxis in diesem speziellen Bereich öffentlicher Verwaltung zumindest mildern könnte.

Prof. Dr. Willi Küpper

Vorwort

In dieser Arbeit, die im Mai 1990 abgeschlossen wurde, sind die Gedanken Vieler enthalten, die sich für den hier dargestellten Bereich interessieren.

Besonders bedanke ich mich bei Herrn Prof. Dr. Willi Küpper für die umfassende Betreuung und die wertvollen Hinweise.

Mein Dank gilt ebenfalls allen Kolleginnen, Kollegen und Vorgesetzten für ihre Informationen, Anregungen, Kritik und die viele Zeit, die sie diesem Vorhaben gewidmet haben.
Dank gebührt auch meinem Arbeitgeber, der die Möglichkeit zur Verwirklichung dieses Projektes schuf.

Nicht zuletzt danke ich meiner lieben Frau für ihre Unterstützung und ihr Verständnis.

Peter Cornelius

I N H A L T

1. Ziel der Arbeit

Bei den Leistungen öffentlicher Verwaltungen für den Bürger nehmen qualifizierte Beratungen eine Sonderstellung ein. Dieses ist wesentlich auf die jeweiligen Rechtsgrundlagen zurückzuführen, die häufig nicht Konditionalprogrammen folgen.[1] Da die Verwaltungen Beratungsleistungen teilweise mit materiellen Hilfen verbinden, kann sich eine Tendenz der Organisation zur Bearbeitung beider Leistungsarten nach den gleichen Prinzipien ergeben.
Zu diesen Leitlinien gehört auch ein Führungsverhalten, das gerade dem beruflichen Selbstverständnis der im Beratungsgespräch Tätigen generell nicht entspricht. An dieser Stelle treten Diskrepanzen zwischen vorhandenen Erkenntnissen und Erwartungen auf der einen und der Alltagsrealität auf der anderen Seite auf.

Die vorliegende Arbeit beabsichtigt, diesen Bereich aufgrund theoretischer Grundlagen und beispielhafter Erfahrungen in einer entsprechenden öffentlichen Verwaltung, der Bundesanstalt für Arbeit (BA), näher zu analysieren. An diesem Beispiel lassen sich anschaulich die Friktionen und Nebenwirkungen aufzeigen, die durch ein Führungsverhalten entstehen, das nicht aufgabenspezifisch abgestimmt ist.
Neben der Darstellung dieses Führungsverhaltens und der dafür maßgebenden Grundlagen soll auch das Spezifische der Beratungssituation deutlich werden.
Ausgehend von der gegenwärtigen Situation wird dann der Versuch der Skizzierung eines Führungskonzeptes unternommen. Dieses soll den Anforderungen des

---

1) So z.B. weite Teile des Bundessozialhilfegesetzes (BSHG) und des Arbeitsförderungsgesetzes (AFG).

Beratungsbereiches wie der Orientierung der Berater Rechnung tragen, ohne dabei Vorgesetzteninteressen zu unterschlagen.

2. Methodologische Grundlagen

Bei der Gewinnung von Erkenntnissen über Beratungsbedingungen ergeben sich sowohl generelle als auch spezielle Probleme hinsichtlich der Wahrnehmung und Wiedergabe der Komplexität der Wirklichkeit.
Zunächst stellt sich die Frage nach der oder den Datenerhebungstechniken, welche am ehesten als Basis für Aussagen im Hinblick auf das Erkenntnisinteresse dieser Arbeit zu verwenden sind. Bei der Auswahl ist zu berücksichtigen, daß in dem zu beschreibenden Feld verschiedene Dimensionen der Interaktionen, Wahrnehmungen und Handlungen existieren, wiederum mit verschiedenen Ursachenstrukturen und teilweise wechselseitiger oder einseitiger Beeinflussung, wie sie beispielsweise in der Kommunikation zwischen Führungskräften und Beratern entstehen.
Es bietet sich von daher eine Erhebungsmethode an, die es erlaubt, dieses Beziehungsgeflecht zunächst in seiner Ganzheitlichkeit zu erfassen, um von hier aus einzelne Komponenten näher zu analysieren.
Hierbei steht nicht das Erheben einer möglichst großen Zahl von Einzelinformationen im Vordergrund, die dann aufgrund wahrscheinlichkeitstheoretischer Maßstäbe Grundlagen für allgemeine Aussagen wären.

Die hier angewandte Methodologie ist nicht quantitativ, sondern qualitativ orientiert und verfolgt das Ziel, in einer auf die Eigenart des Untersuchungsgegenstandes abgestimmten Form Aussagen über wesentliche und in ihrer wechselseitigen Eingebundenheit typische Verhaltensformen zu machen.[1]

---

1) Vgl. S. Lamnek, Qualitative Sozialforschung, Bd. 1, Methodologie, München, Weinheim 1988, S. 178.

Insofern wird für die Informationsgewinnung in erster Linie die Methode der teilnehmenden Beobachtung gewählt. Ihr spezifischer Vorteil gegenüber anderen Datenerhebungsmethoden besteht darin, daß sie sich insbesondere bei der Untersuchung von komplexen Handlungsfeldern mit zahlreichen Situationen und Personen eignet.[1)]
Weiterhin besteht bei ihr die Möglichkeit, sie auch dort einzusetzen, wo andere Erhebungstechniken, wie beispielsweise das Interview, nicht angezeigt sind, um Angaben über soziale Verhaltensweisen zu erhalten. So sind befragte Personen häufig nicht in der Lage, ihr eigenes Verhalten richtig zu beschreiben, oder es treten die für das Interview typischen, bewußt oder unbewußt einfließenden Veränderungen bei den Antworten ein.[2)] Auch bei der Anwendung der teilnehmenden Beobachtung können Einflußfaktoren die Brauchbarkeit der Ergebnisse einschränken.
Sie liegen sowohl in einer Fülle von nicht mehr auswertbaren Informationen aufgrund des Fehlens einer strengen Systematik der Beobachtung als auch in der Möglichkeit von typischen Beobachtungsfehlern, wie die Tatsache einer Veränderung der sozialen Situation durch den Beobachter, einer zu frühen Wertung, einer Unvertrautheit mit der "Gruppenkultur" usw.[3)]

Um solche Fehlermöglichkeiten einzugrenzen, wurde neben einer Schärfung der kritischen Sensibilität auch auf andere Datenquellen zurückgegriffen.

---

1) J. Friedrichs/H. Lüdtke, Teilnehmende Beobachtung, 3. Aufl., Weinheim, Basel 1977, S. 93.
2) P. Atteslander, Methoden der empirischen Sozialforschung, 4. Aufl., Berlin, New York 1975, S. 141.
3) R. König, Die Beobachtung, in: R. König (Hrsg.), Handbuch der empirischen Sozialforschung, Bd. 2, 3. Aufl., Stuttgart 1973, S. 52 und P. Atteslander, Methoden der empirischen Sozialforschung, a.a.O., S. 164 ff.

In diesem Zusammenhang ist es von Bedeutung, daß der Verfasser selber seit 1985 als Berufsberater für Abiturienten und Hochschüler tätig ist.
Aufgrund dieser Tatsache war ein unmittelbares persönliches Erleben sowohl der Einweisung in diesen Aufgabenbereich als auch der Ausübung dieser Tätigkeit selbst möglich. Da schon seit der Einweisungszeit die Absicht bestand, den Gegenstandsbereich dieser Arbeit näher zu analysieren, konnte eine Fülle von Informationen gewonnen werden. Diese ergaben sich zu einem erheblichen Teil aus der Möglichkeit, durch die eigene Teilnahme an den in diesem Zusammenhang relevanten Handlungsbereichen das Verhalten von Akteuren zu beobachten, ohne deren Handlungen durch die Beobachtung zu beeinflussen.

Direkt mit dieser Situation der vollständigen Eingebundenheit des Verfassers in das entsprechende Organisationsgefüge hängen jedoch auch die eingangs erwähnten speziellen Probleme zusammen. Diese bestehen in der Gefahr einer übermäßigen Identifizierung mit den Beobachteten ("over rapport"), woraus sich fraglos Verfälschungsmöglichkeiten der gewonnenen Erkenntnisse ergeben können. König prägte in diesem Zusammenhang den Ausdruck der beobachtenden Teilnahme.[1)]
Als ein in dieser Hinsicht mögliches Korrektiv sind die Vielzahl von Gesprächen anzusehen.
Im einzelnen wurden

16 Gespräche mit Berufsberater(n)/innen,
18 Gespräche mit Berufsberater(n)/innen für

---

1) Vgl. R. König, Die Beobachtung, in: R. König (Hrsg.), Handbuch der empirischen Sozialforschung, a.a.O., S. 51.

Abiturienten und Hochschüler,
10 Gespräche mit Abschnittsleiter(n)/innen,
11 Gespräche mit Abteilungsleitern,
2 Gespräche mit Referenten des Landesarbeitsamtes sowie
2 Gespräche mit anderen in leitender Funktion im Landesarbeitsamt tätigen Mitarbeitern geführt.

Von diesen insgesamt 59 Gesprächen wurden in 27 Fällen zwei- oder mehrmals derselbe Gesprächspartner befragt.

Dabei wurden die Erfahrungen aus 4 verschiedenen Arbeitsämtern im norddeutschen Raum zugrundegelegt.

Durch die große Bereitschaft der Gesprächspartner, sich mit den gestellten Fragen intensiv und ohne zeitlichen Druck auseinanderzusetzen sowie die ausgesprochene Offenheit, in welcher die Gespräche verliefen, war es möglich, eine Vielzahl von Detailinformationen zu erhalten.

Das breite Spektrum der geführten Gespräche ergab nicht nur einen Gewinn hinsichtlich der Objektivität der Daten, sondern darüber hinaus auch eine unerläßliche Verbreiterung der Informationsbasis.
Auf diesem Wege war es möglich, nicht nur zusätzliche konkrete Fakten zu gewinnen, sondern es konnten auch Einstellungen und Einschätzungen erfragt werden, welche die Betreffenden teilweise aus jahrzehntelanger Erfahrung in der BA gewonnen hatten, und die sich nicht oder nur verdeckt und durch andere Einflüsse überformt in dem beobachtbaren Verhalten niederschlagen.

Weiterhin stellte die Hauptstelle der BA in Nürnberg umfangreiches aktuelles Informationsmaterial zur Verfügung.

Bei der Unterschiedlichkeit der angewandten Methoden zur Datengewinnung und der Vielzahl von häufig situationsgebundenen Möglichkeiten der Erkenntnissammlung war die ständige Reflexion der dem Forschungsinteresse zugrundeliegenden Struktur unerläßlich. Das darauf beruhende Vorgehen schuf einerseits die Selektionskriterien für die teilnehmende Beobachtung und andererseits ergaben sich daraus die Inhalte der geführten Gespräche.

Am Beginn der Arbeit ist erwogen worden, die durch die teilnehmende Beobachtung gewonnenen Daten zu ergänzen und abzusichern durch eine schriftliche Befragung der schon genannten Personenkreise.
Bei der Konkretisierung ergaben sich aber Bedenken, die sich auf die Akzeptanz eines solchen Vorgehens sowie auf den zu erwartenden Aussagewert dieses Verfahrens gründeten.
Durch die persönliche Befragung eines Gesprächspartners oder einer entsprechenden Gruppe kann, so wird vermutet, das Spektrum der gewonnenen Daten hinsichtlich der Informationsbreite und -tiefe gegenüber der schriftlichen Befragung erweitert werden.
Allerdings ist eine strenge, am Erkenntnisinteresse orientierte Selektion und Aufarbeitung der verschiedenen Aussagen hier um so notwendiger.

3. Bestimmungsfaktoren beraterischen Verhaltens

3.1 Kompatibilität von beraterischen Bedürfnissen und organisatorischem Umfeld

Bei einer Analyse der Beziehungen zwischen beraterisch tätigen Mitarbeitern und der sie umgebenden Organisation ist es notwendig, zunächst die ihnen zugrundeliegenden allgemeinen Interdependenzen zwischen Person und Organisation deutlich werden zu lassen.

Diese sind bereits seit geraumer Zeit als möglicher Konfliktbereich erkannt und dargestellt worden. Insbesondere die humanistisch orientierten Organisationstheoretiker wie Herzberg (Zwei-Faktoren-Theorie)[1], Mc Gregor (Theorie X und Y)[2] sowie Argyris (Persönlichkeits- und Organisationstheorie)[3] haben dieses Spannungsverhältnis entsprechend thematisiert.

Ein zentrales Problem erlangt bei der Diskussion der Beziehungen Mensch-Organisation stets besondere Aufmerksamkeit: die Vereinbarkeit der individuellen Ziele mit den jeweiligen Organisationszielen.

---

1) F. Herzberg, Work and Nature of Man, London 1968, insb. S. 71 ff. und F. Herzog/B. Mausner, B.B. Snyderman, The Motivation to Work, 2. Aufl., New York 1959, insb. S. 113 ff.
2) D. Mc Gregor, Der Mensch im Unternehmen, 3. Aufl., Düsseldorf, Wien 1973.
3) C. Argyris, Integrating the Individual and the Organisation, New York 1964.

Argyris sieht hier ein grundlegendes Problem, das eine ständige Herausforderung für die Führungskräfte darstellt.[1]
Dieses Problem tritt in jeder Organisation an der Schnittstelle organisatorische Rahmenbedingungen/Personensystem auf und beruht letztlich auf der Komplexität der Bedürfnisstruktur von Individuen.

Insofern ist organisiertes Personal stets in mehr oder weniger hohem Maße labil gegenüber beispielsweise ausschließlich auf technischer Basis beruhenden Handlungssystemen.[2]

Das angesprochene Problem läßt sich zurückverfolgen auf die Ebene der einzelnen Person und dort vergröbert darstellen als Spannungsverhältnis zwischen Autonomieforderung und Anpassungsdruck der Umwelt.

Die Motive, welche die Handlungsweisen des Individuums in hohem Maße determinieren, lassen sich subsumieren unter dem Begriff des Selbstkonzeptes.
Hierbei handelt es sich um einen Selbstwahrnehmungsprozeß der Person über ihre Werte, Bedürfnisse, Fähigkeiten, Motive und Talente. Auf diesen Prozeß wird in Punkt 8.5 dieser Arbeit noch näher eingegangen.

Krappmann spricht in diesem Zusammenhang von der Möglichkeit zur Aufrechterhaltung einer Indentität durch die Struktur eines Interaktionsprozesses, der

---

1) C. Argyris, Das Individuum und die Organisation: einige Probleme gegenseitiger Anpassung, in: K. Türk (Hrsg.), Organisationstheorie, Hamburg 1975, S. 233.
2) K. Türk, Grundlagen einer Pathologie der Organisation, Stuttgart 1976, S. 49.

kontinuierlich auf die konfligierenden Erwartungen der Beteiligten abgestimmt werden muß.[1]

Das Problem in den Beziehungen zwischen Individuum und Organisation liegt in der Möglichkeit einer Konkurrenz zwischen den Bestrebungen des in der Organisation tätigen Menschen nach optimaler Realisierung seines Selbstkonzeptes und den auf Integration der individuellen Leistungsressourcen ausgerichteten Organisationen.

Den außerordentlich heterogenen Bedürfnisstrukturen der Mitarbeiter steht die Beschäftigungsinstitution gegenüber, die ihre Existenz durch die Leistung eines entsprechenden Outputs legitimieren muß.
Dieser ist nur durch eine Bündelung, Ausrichtung und Optimierung der jeweiligen Arbeitskapazitäten möglich.
So ist durch den Organisationszweck bereits ein Problempotential vorgegeben.

Allgemein kann von einer Zunahme solcher Inkompatibilitäten ausgegangen werden in dem Maße, in welchem Steuerungs- und Integrationsaktivitäten der Organisation zunehmen.
Insofern müßten stark arbeitsteilige Prozesse, beispielsweise in der industriellen Fertigung, ein besonders hohes Maß an Integrationsproblemen des davon betroffenen Personals ergeben.

In der Realität jedoch läßt sich ein so skizzierter monokausaler Zusammenhang in vielen Fällen nicht nachweisen.

---

1) L. Krappmann, Soziologische Dimensionen der Identität, 7. Aufl., Stuttgart 1988, S. 96.

Grundsätzlich sind die Beziehungen zwischen Mensch und Organisation auf zwei grundlegende Faktoren zurückzuführen, zum einen auf die Wirksamkeit des jeweiligen Integrations- und Motivationssystems der Organisation und zum anderen auf die Struktur des Selbstkonzeptes und das Anspruchsniveau hinsichtlich des Grades seiner Realisierung.

Das Integrationssystem basiert auf Mechanismen, welche das Organisationsmitglied auf unterschiedliche Weise sanktioniert, ihm Konformität nahelegt.
Diese Integrationsmechanismen können auch Globalziele und Werte organisationsspezifischen Charakters sein. Bei einer Organisation, welche beispielsweise eine bestimmte Philosophie (wie Verpflichtung zu höchster Qualität) verfolgt, kann sich so für den einzelnen Mitarbeiter ein konkreter Bestimmungsfaktor seines Handelns ergeben.

Weiterhin kann eng mit bestimmten, das Erscheinungsbild der Organisation prägenden Faktoren, eine spezifische Werte- und Verhaltensstruktur real existieren. In diesem Zusammenhang gewinnt der Begriff der Unternehmenskultur verstärkt an Bedeutung.[1)]

Als weitere integrationsfördernde Faktoren kommen formale Vorgaben für das Verhalten in Organisationen, wie Geschäftsordnungen, Arbeitsplatzbeschreibungen etc., in Betracht. Die Möglichkeit zur Mitarbeit in der Organisation ist in der Regel an die Bereitschaft

---

1) E. Heinen/P. Dill, Unternehmenskultur - Überlegungen aus betriebswirtschaftlicher Sicht, in: Zeitschrift für Betriebswirtschaft, 56. Jg. Heft 3 (1986), S. 202 - 218 und W. Holleis, Unternehmenskultur und moderne Psyche, Frankfurt/Main 1987, S. 17.

zur Akzeptanz dieser formalen Vorgaben gebunden. Deren Vorhandensein entlastet sowohl die Organisationen von Risiken und Konfliktpotential durch unterschiedliche Interpretation der Zielvorgaben wie auch den einzelnen Mitarbeiter, dessen Funktion so fest definiert ist.
So wirken formale Vorgaben tendenziell stabilisierend und bauen Unsicherheit ab.[1)]

Die Organisationsstruktur der öffentlichen Verwaltung orientiert sich in besonderem Maße an der Formalisierung aller Vorgänge und bezweckt damit auch eine besonders enge Integration der Mitarbeiter.

Die Wirkungen des Beamtenrechts sind in dieser Beziehung unverkennbar. Sie ergeben sich insbesondere aus den Grundpflichten, wie der Treuepflicht, der Pflicht zum Gehorsam oder dem Streikverbot.[2)]

Neben den geschilderten Integrationsbestrebungen existieren in Organisationen weitere entsprechende Wirkungen, die auf informellen spezifischen Verhaltensweisen oder Interaktionen beruhen und sich tendenziell vom vertikalen Beziehungsgeflecht abkoppeln.

Insbesondere die soziale Akzeptanz des einzelnen im Kollegenkreis kann für den Betreffenden eine Einflußgröße seines Verhaltens sein, welche in ihrer Bedeutung die formalen Vorgaben übertrifft.

---

1) N. Luhmann, Funktionen und Folgen formaler Organisationen, Berlin 1964, S. 79 ff.
2) Vgl. W. Scheerbarth/H. Höffken, Beamtenrecht, 4. Aufl., Siegburg 1982, S. 119 ff. und W. Fürst/A. Strecker, Beamtenrecht, Heidelberg 1987, S. 62 ff.

Bosetzky spricht in diesem Zusammenhang von "kameradschaftlicher Bürokratie".[1]

Eine Sonderform informeller Integration stellt das "Jahrgangsgeflecht" dar, durch das die Auszubildenden und insbesondere die Nachwuchskräfte des gehobenen und höheren Dienstes aufgrund ihrer gemeinsam absolvierten Ausbildung auch anschließend abteilungs- und behördenübergreifend verbunden sind.[2]

Die Beziehungen zwischen Personen und Organisationen werden neben integrierend wirkenden Faktoren auch durch Art und Ausprägungsgrad von Motivationen beeinflußt.

In diesem Bereich können durch die Organisation bei den Mitarbeitern Potentiale geweckt werden, die ihrerseits wiederum Beiträge für eine motivierende Gesamtstruktur leisten. Hierauf wird in Punkt 8.2.1 dieser Arbeit näher eingegangen.

Auf Integration und Motivation ausgerichtete Anreize stehen nicht isoliert neben dem Selbstkonzept des einzelnen, sondern sie können es im Laufe seines Entwicklungsprozesses vielfältig überformen.
Auf diesem Wege werden sich in vielen Fällen Identifikationsstrukturen ergeben, die mit den entsprechenden Angeboten der Beschäftigungsorganisation

---

1) Vgl. H. Bosetzky, Die "kameradschaftliche Bürokratie" und die Grenzen der wissenschaftlichen Untersuchung von Behörden, in: Die Verwaltung, Heft 4 (1971), S. 325 - 335.
2) Vgl. H. Bosetzky/P. Heinrich, Mensch und Organisation, 3. Aufl., Köln 1980, S. 127 f.

konvergieren, z.B. der Wunsch nach Berufsprestige, hohem Einkommen oder Arbeitsplatzsicherheit.[1]

Auf der anderen Seite besteht aber auch die Möglichkeit einer Orientierung an Zielen, die zu der Arbeitssituation in Widerspruch stehen. Ist beispielsweise die Bedürfnisstruktur des Organisationsmitgliedes geprägt von den jeweiligen Zielen und Standards einer Berufsgruppe[2], so ist eine zumindest partielle Unvereinbarkeit mit den vorgegebenen Anpassungszwängen denkbar.

Insofern ist die Struktur des Selbstkonzeptes ein maßgebender Faktor für das Vorhandensein von Friktionen an der Schnittstelle Individuum/Organisation.

Treten hier Divergenzen auf, ergeben sich dadurch für das Individuum psychische Belastungen, welche zu Identitätskrisen führen können. Bosetzky und Heinrich sprechen in diesem Kontext von der Angst vor dem Verlust der personalen Identität.[3]

Als Folge dieser Spannungszustände wird ein Suchprozeß nach entlastenden Strategien einsetzen. Dies bedeutet im weiteren Sinne, daß ein handelndes Individuum auf eine ihm als problematisch erscheinende Situation eine Antwort sucht, welche ihm ermöglicht, die Situation als weniger belastend zu empfinden.

---

1) Vgl. H. Bosetzky/P. Heinrich, Mensch und Organisation, a.a.O., S. 156 ff.
2) Vgl. A. B. Weinert, Lehrbuch der Organisationspsychologie, München, Wien, Baltimore 1981, S. 265 f.
3) H. Bosetzky/P. Heinrich, Mensch und Organisation, a.a.O., S. 234 f.

Als in diesem Zusammenhang mögliche Strategien bezeichnet Blinkert: Vermeidung, Immunisierung, Innovation und Übernahme organisationsspezifischer Orientierungen.[1)]

Unter der Vermeidungsstrategie werden alle Aktivitäten des Entzuges von der unbefriedigenden Arbeitssituation verstanden: z.B. häufiger Wechsel des Arbeitsplatzes innerhalb der Organisation, Suche einer adäquaten Beschäftigungsorganisation oder Beginn einer weiteren Ausbildung.

Unter Immunisierung wird die Internalisierung von Interpretationsmustern verstanden, welche eine Harmonisierung der Diskrepanzen zwischen den beruflichen Ansprüchen aufgrund des Selbstkonzeptes und der konkreten Arbeitssituation ermöglichen.[2)]

Die entgegengesetzte Strategie der Innovation dagegen bezeichnet Versuche einer aktiven Veränderung der als belastend empfundenen Arbeitssituation.[3)]

Mit der Übernahme von organisationsspezifischen Orientierungen wird letztlich jeder Anspruch an eine berufliche Realisierung des Selbstkonzeptes aufgegeben. Die Anforderungen der Arbeitsorganisation werden nicht mehr wie bei dem Immunisierungskonzept als entlastend angesehen, sondern sie werden aufgrund eigener Überzeugung angewendet.[4)]

---

1) B. Blinkert u.a., Berufskrisen in der Sozialarbeit, Weinheim, Basel 1976, S. 114.
2) Ebenda S. 116 ff.
3) Ebenda S. 115 f.
4) Ebenda S. 118 f.

Die Wahl der jeweiligen Strategie hängt im Einzelfall ab von den real existierenden Freiräumen innerhalb der Organisation, dem individuellen Widerstands- und Durchsetzungspotential und dem Anspruchsniveau hinsichtlich des Grades der Verwirklichung des Selbstkonzeptes.

Aufgrund der geschilderten Faktoren, welche vorrangig das Verhältnis Individuum - Organisation determinieren, sind je nach deren individueller Konstellation unterschiedlichste Konkretisierungsformen denkbar.

In dem hier interessierenden Zusammenhang sind vor allem diejenigen Spannungen von Bedeutung, welche auf den unterschiedlichen Prägungen und Orientierungen von Organisationen und Personen beruhen, anders ausgedrückt: von bürokratischen Organisationen und professionell orientierten Berufsgruppen.

Es sollen im folgenden einige Merkmale von Organisationen genannt werden, die sich durch eine bürokratische Struktur im Sinne Max Webers auszeichnen.

Diese sind gekennzeichnet durch
- weitgehende Regelgebundenheit,
- Schriftlichkeit aller Vorgänge,
- geregelte Arbeitsteilung und
- vertikale Kommunikationslinien.[1]

Der Nachteil dieser Organisationsform liegt vor allem in der mangelnden Anpassungsfähigkeit an eine

---

1) Vgl. Max Weber, Wirtschaft und Gesellschaft, 5. Aufl., Tübingen 1976, S. 551 f. und R. Mayntz, Soziologie der öffentlichen Verwaltung, Karlsruhe 1978, S. 110.

dynamische Umwelt. Thompson charakterisiert die Bürokratie als ein System, das aufgrund der ihr immanenten Struktur immer den Status quo begünstige.[1] Einem entsprechenden Anpassungsdruck ist auch das Personal ausgesetzt.

Dieses trifft besonders bei denjenigen Mitarbeitern auf Widerstand, welche sich auf ihrem Berufsfeld als kompetent und zur selbständigen Problemlösung befähigt ansehen. Sie sollen im folgenden als Spezialisten bezeichnet werden, denen eine Professionalität unterstellt wird.

Bei dem Versuch, den Begriff Profession zu definieren, lassen sich dreierlei grundlegende Merkmale ausmachen:

- Orientierung an Fertigkeiten und Wissen,
- Orientierung am Kollektiv,
- Orientierung an der Berufsorganisation.[2]

Unter Professionalisierung wird eine Veränderung von einer einigermaßen ausgeprägten zu einer besonders starken Systematik des Wissens und weiterhin die Ausweitung der sozialen Orientierung vom Mittelmaß zur ausgeprägten Kollektivorientierung verstanden.[3]

---

1) Vgl. V. A. Thompson, Hierarchie, Spezialisierung und organisationsinterner Konflikt, in: R. Mayntz (Hrsg.), Bürokratische Organisationen, 2. Aufl., Köln, Berlin 1971, S. 217. Siehe zu den Grenzen des bürokratischen Ansatzes auch A. B. Weinert, Lehrbuch der Organisationspsychologie, a.a.O., S. 90 f.

2) O. Lingesleben, Die Berufssituation der Sozialarbeiter und Tendenzen der Professionalisierung, in: Sozialarbeit als Beruf - Auf dem Wege zur Professionalisierung?, Hrsg. H.-U. Otto/K. Utermann, München 1971, S. 51.

3) H. Hartmann, Arbeit, Beruf, Profession, in: T. Luckmann/W. M. Spondel (Hrsg.), Berufssoziologie, Köln 1972, S. 40 f.

Eine Profession zeichnet sich in erster Linie durch ein Gefühl gemeinsamer beruflicher Identität, durch einheitliche Wertvorstellungen, durch die Kontrolle des beruflichen Handelns ihrer Mitglieder, durch die deutliche Abgrenzung von der sozialen Umwelt und durch die frühzeitige, gezielte Sozialisation ihres Nachwuchses aus.

Aufgrund des Gruppencharakters und ihrer hochqualifizierten Ausbildung ist es Professionen möglich, auf die Gesellschaft ein außergewöhnlich großes Maß an Einfluß zu nehmen.
Für die Lösung gesellschaftlicher wie individueller Probleme erscheinen sie zum Teil seit altersher als unverzichtbar. Durch ihre Stellung und ihren Einfluß genießen sie bestimmte Privilegien, wie etwa keine Kontrolle durch Außenstehende, überdurchschnittlich hohes Einkommen und hohes Sozialprestige.

Wie jedoch ist das Verhältnis von spezifischem Fachwissen und Bürokratie?
Max Weber hat das Zusammenfallen von Sachverstand und Amtsautorität als wichtige Voraussetzung für die Effizienz bürokratischer Organisationen angesehen, jedoch dem Sachverstand keine grundlegende Bedeutung eingeräumt; eine terminologische und systematische Bindung an den Begriff der bürokratisch-legalen Herrschaft ist bei ihm nicht vorgesehen.[1)]

Macht, Geld und andere Statussymbole hält die Hierarchie nur für diejenigen bereit, welche ihre vorgegebenen Strukturen entweder aus einer gewissen

---

1) Vgl. H. Hartmann, Funktionale Autorität und Bürokratie, in: R. Mayntz (Hrsg.), Bürokratische Organisationen, a.a.O., S. 198.

Überzeugtheit bejahen oder sich den Gegebenheiten weitgehend anpassen. Gerade im letzteren Fall ist die Gefahr einer tendenziellen Deformierung und Reduzierung in der Persönlichkeitsentwicklung sowie das Gefühl permanenter Abhängigkeit und Ängstlichkeit häufig gegeben.

Für die Spezialisten in solchen Organisationen entstehen an diesem Punkt besondere Probleme, die sich als Intra-Rollenkonflikte beschreiben lassen. Die Attribute öffentlicher Wertschätzung werden nur an denjenigen vergeben, welcher in den hierarchischen Wettbewerb eintritt und erfolgreich ist.
Befriedigung über das fachlich-kompetente Lösen eines bestimmten Problems kann der Spezialist allenfalls durch das Bewußtsein der Übereinstimmung mit internalisierten Rollenvorstellungen erlangen.[1)]

Die beiden alternativen Methoden zur Organisierung komplexer Aufgaben, entweder durch Verbindung von umfassenden Fertigkeiten mit internalisierten Standards (professionelles System) oder durch Synthese von partiellen Fertigkeiten mit äußeren Kontrollen (bürokratisches System), führen jeweils systemimmanent zu Konflikten, wenn sie Organisationen zu einer Einheit verschmolzen werden.[2)]

Solche "Mischtypen" sind in der Organisationswirklichkeit aber besonders häufig anzutreffen und

---

1) Vgl. P.M. Blau/W.R. Scott, Professionelle und bürokratische Orientierung in formalen Organisationen - dargestellt am Beispiel der Sozialarbeiter, in: H.-U. Otto/K. Utermann, Sozialarbeit als Beruf - Auf dem Wege zur Professionalisierung, a.a.O., S. 126.
2) Vgl. W. R. Scott, Konflikte zwischen Spezialisten und bürokratischen Organisationen, in: R. Mayntz (Hrsg.), Bürokratische Organisationen, a.a.O., S. 203.

gewinnen weiter an Bedeutung. Die meisten der neu entstehenden professionellen Gruppen verrichten ihre Arbeit fast ausschließlich innerhalb von Organisationen, und sie haben weitaus größere Zuwachsraten zu verzeichnen als die unabhängigen Professionen.

Dieser Anstieg ist zu erklären durch die Vorteile, welche sich aus der Zusammenarbeit mit unterschiedlichen Spezialisten in derselben Verwaltungsstruktur ergeben, sowie auch durch die steigenden Kosten für eine professionelle Ausrüstung, die viele einzelne Spezialisten nicht mehr länger aufbringen können.[1)]

Die aus der Einbindung der Spezialisten in die Organisation resultierenden Konflikte manifestieren sich besonders in bestimmten Bereichen, wie der Ausdehnung bürokratischer Regeln auch auf diesen Personenkreis.
Diese Regelungen implizieren eine Parzellierung der Aufgabenerledigung sowie, damit verbunden, eine Einengung des Ermessensspielraumes. Gegenüber dieser Reduzierung von Situationen eigenständiger Problemlösung reagieren Spezialisten aufgrund ihres internalisierten beruflichen Selbstverständnisses in hohem Maße ablehnend. Aufgrund der von ihnen erworbenen Kenntnisse und Fertigkeiten, welche ihnen eine ganzheitliche Aufgabenausführung erlauben, erwarten sie einen maximalen Entscheidungsspielraum bei der Auswahl der Mittel sowie die Übernahme der vollen Verantwortung für die von ihnen durchgeführten Handlungen und Entscheidungen. Eine Einengung dieses

1) Vgl. P. M. Blau/W. R. Scott, Professionelle und bürokratische Orientierung in formalen Organisationen - dargestellt am Beispiel der Sozialarbeiter, in: H. U. Otto/K. Utermann, Sozialarbeit als Beruf, a.a.O., S. 126 f.

Spielraumes wird nur akzeptiert, wenn sie durch die internalisierten Normen der anerkannten Verfahren erfolgt.

In der Realität des Arbeitsalltags ist das aus der geschilderten Gegensätzlichkeit resultierende Konfliktpotential meistens nur latent vorhanden. Führen jedoch bürokratische Vorschriften dazu, daß die Spezialisten zur Verletzung der Normen ihrer Berufsgruppe gezwungen werden, so ist erheblicher Widerstand zu erwarten, der auch von professionellen Kollegen innerhalb und außerhalb der Institution unterstützt wird.[1)]

Widerstand wird jedoch von den Experten nicht nur gegenüber bestimmten bürokratischen Vorschriften geleistet, sondern in vieler Hinsicht auch gegenüber allgemeinen bürokratischen Standards. Der Zwang zur Konformität mit ihnen führt bei den professionell orientierten Arbeitnehmern zu Konflikten, da sie so gezwungen sind, sich parallel nach zwei sich gegenseitig ausschließenden Bezugsmustern zu orientieren.[2)]

In einer von Scott zitierten Untersuchung berichten die Spezialisten, ihre hauptsächlichen Probleme stammten aus dem Konflikt zwischen den Erfordernissen

---

1) Vgl. W. R. Scott, Konflikte zwischen Spezialisten und bürokratischen Organisationen, in: R. Mayntz (Hrsg.), Bürokratische Organisationen, a.a.O., S. 207.
2) Vgl. J. J. Heba, Generalisten kontra Spezialisten: Das Problem der doppelten Unterstellung, in: R. Mayntz /Hrsg.), Bürokratische Organisationen, a.a.O., S. 218 ff.

ihrer Stellung und den Normen ihrer Berufsgruppe.[1] Dieses wird tendenziell auch durch die von Helfer[2] und Blinkert[3] durchgeführten empirischen Untersuchungen bestätigt.

Ein weiterer zu lokalisierender Konfliktbereich besteht in der Ablehnung einer bürokratischen Kontrolle des beruflichen Handelns von Spezialisten. Diese Ablehnung beruht auf der Unvereinbarkeit der jeweils als adäquat empfundenen Kontrollsysteme.

In bürokratischen Organisationen wird Autorität, einschließlich der Möglichkeit zu entsprechender Kontrolle, durch jeweilige Ermächtigung verliehen. Sie ist gekoppelt an eine bestimmte Stelle in der Hierarchie und insofern erst an den Stelleninhaber.

Spezialisten demgegenüber haben durch ihr spezifisches Berufsethos sowie die sie wissenschaftlich legitimierende Ausbildung Kontrolle internalisiert.[4] Ihre Autorität beruht auf der überlegenen individuellen Sachkenntnis und nicht dem Innehaben einer bestimmten Position in einem System.

Sie orientieren sich wohl an dem eingeholten Rat eines Fachkollegen, für die Eingriffe hierarchisch höherstehender, aber fachlich nicht geschulter Ebenen

---

1) W. R. Scott, Konflikte zwischen Spezialisten und bürokratischen Organisationen, in: R. Mayntz (Hrsg.), Bürokratische Organisationen, a.a.O., S. 209.
2) I. Helfer, Die tatsächlichen Berufsvollzüge der Sozialarbeiter - Daten und Einstellungen, Frankfurt 1971.
3) B. Blinkert u.a., Berufskrisen in der Sozialarbeit, a.a.O.
4) A. Schuller, Qualifikation und Institution - Versuch einer Bestimmung professioneller Handlungsmuster in Institutionen medizinischer und sozialer Dienstleistungen, Stuttgart 1978, S. 67.

ist ihnen das Erkennen einer Legitimationsgrundlage oft nicht möglich.[1]

Das geschilderte vielfältige Konfliktpotential ist die Ursache des oft distanzierten Verhältnisses der Spezialisten zu ihrer Organisation. Ihr professionelles Selbstbild läßt sie eher die Einbindung in ein die Organisation überschreitendes Netzwerk berufsständischer Beziehungen und den guten Ruf unter Fachkollegen anstreben als die Wertschätzung ihres Vorgesetzten in der Beschäftigungsorganisation.
Solche Arbeitnehmer haben ein intrumentelles Verhältnis zu ihrer Beschäftigungsorganisation. Sie werden ihr nur so lange angehören, bis es dazu eine ihnen günstiger erscheinende Alternative gibt. Der Grad ihrer professionellen Orientierung kann nach Blau und Scott anhand des Grades der Einbindung in umfassendere Netzwerke berufsständischer Beziehungen bestimmt werden.[2]

Das Maß der Loyalität der Spezialisten gegenüber der bürokratischen Beschäftigungsorganisation wird jedoch erheblich mitbestimmt von der Möglichkeit bzw. Unmöglichkeit, ihre spezielle Berufstätigkeit auch außerhalb einer spezifischen Institution ausüben zu

1) Vgl. W. R. Scott, Konflikte zwischen Spezialisten und bürokratischen Organisationen, in: R. Mayntz (Hrsg.), Bürokratische Organisationen, a.a.O., S. 210.
2) Vgl. P. M. Blau/W. R. Scott, Professionelle und bürokratische Orientierung in formalen Organisationen - dargestellt am Beispiel der Sozialarbeiter, in: H.-U. Otto/K. Utermann, Sozialarbeit als Beruf, a.a.O., S. 127.

können oder diese als Teil ihrer beruflichen Verwirklichung zu benötigen.[1)]

Unter den Begriff Spezialisten fallen auch Personen, die aufgrund einer wissenschaftlichen Fachausbildung spezielle Beratungsleistungen erbringen. Diese hier als Berater bezeichneten Experten sollen im folgenden in den Vordergrund der Betrachtung gestellt werden.

Sind sie nicht freiberuflich tätig, sondern Mitarbeiter von bürokratisch strukturierten Organisationen, welche u.a. auch diese Art spezieller Beratungsdienste anbieten, so trifft für sie in vollem Umfang die aufgezeigte Problematik im Verhältnis von Hierarchie und Spezialistentum zu.

Grundsätzlich können sich solche Konstellationen in Sozialämtern, Jugendämtern, städtischen Erziehungsberatungsstellen und Arbeitsämtern ergeben, aber auch z.B. in Ämtern für Wirtschaftsförderung, zur Überwachung der gesetzlichen Auflagen im Bereich des Umweltschutzes, im weiteren Sinne sogar bei Organisationen, welche staatliche Aufgaben wahrnehmen, ohne selbst Teil des öffentlichen Dienstes zu sein, wie Kammern, technische Überwachungsvereine usw.

Im Rahmen dieser Arbeit wird aber von Beratern ausgegangen, deren Aufgabengebiet nicht technische oder organisatorische Problemlösung betrifft, sondern die kompetente Ansprechpartner bei Fragen sind, die im persönlichen Bereich des Ratsuchenden liegen. In den sich hier ergebenden Gesprächen sollen

---

1) Vgl.Vgl. P. M. Blau/W. R. Scott, Professionelle und bürokratische Orientierung in formalen Organisationen - dargestellt am Beispiel der Sozialarbeiter, in: H.-U. Otto/K. Utermann, Sozialarbeit als Beruf, a.a.O., S.132 ff.

individuelle Lösungen gefunden oder zumindest die Wege dahin aufgezeigt werden.
Solche Tätigkeiten ergeben sich nicht zuletzt auch bei der Berufsberatung.

Strukturelle Besonderheiten im Verhältnis von Beratern und bürokratischen Organisationen ergeben sich insbesondere in folgenden Punkten:
- Berater sehen als primäres Ziel einer professionellen Dienstleistung, dem Klienten die bestmögliche Hilfe zu geben, während bürokratische Institutionen am möglichst reibungslosen Funktionieren des Ganzen im Sinne der Vorgaben interessiert sind.

- Berater sehen die Interaktion mit dem Klienten als privilegierte Interaktion an; das entgegengebrachte Vertrauen gilt als schützenswert, z.T. auch gegenüber den oft formal begründeten Informationswünschen der Organisation.

- Berater orientieren sich bei der Wahl der Mittel, um dieses Ziel zu erreichen, an der jeweiligen Effektivität, bürokratische Organisationen dagegen zeichnen sich durch weitgehend konditionierte, durch Verhaltensvorschriften vorgegebene Handlungsvorgaben aus, die allenfalls an Effizienzkriterien orientiert sind.[1]

Das Besondere im Verhältnis von Berater zu Bürokratie ist der Dualismus von formalen Zwängen und inhaltlichen Freiräumen.

---

1) Vgl. A. Schuller, Qualifikation und Institution - Versuch einer Bestimmung professioneller Handlungsmuster in Institutionen medizinischer und sozialer Dienstleistungen. a.a.O., S. 66.

Auf der einen Seite unterliegt der Berater einer Einbindung in ein Regelgeflecht, welches teilweise die Arbeitsabläufe detailliert vorgibt sowie Kontrollelemente bereithält.
Demgegenüber steht der nahezu uneingeschränkte Freiraum der inhaltlichen Ausgestaltung seiner Beratungs- und Helferfunktion. Da bürokratisch orientierte Kontrollsysteme auf das Erfassen der Einhaltung bzw. Abweichung von Vorgaben hin ausgerichtet sind, ist eine Beurteilung der qualifizierten Ebene eines Gespräches für Leitungsinstanzen kaum möglich.

Berater in bürokratischen Organisationen stehen somit in einem permanenten Spannungsverhältnis von Anpassungsdruck, welcher sich aus dem organisatorischen Umfeld ergibt, und nahezu unkontrollierten Betätigungsräumen bei der Berufsausübung im engeren Sinne.

Insofern könnte vermutet werden, daß die Berater den "inneren Freiraum" als Kompensation für die äußeren Zwänge ansehen und ansonsten die dienstlichen Anstellungsbedingungen als Absicherung der materiellen Rahmenbedingungen schätzen.

Dies ist fraglos in nicht wenigen Situationen der Fall; dennnoch besteht die Gefahr, daß sich Frustration über bürokratische Zwänge negativ auf die Ausgestaltung des unkontrollierten Freiraumes auswirkt.

Hierfür können im Einzelfall mehrere Gründe ausschlaggebend sein:

1. Der Berater ist belastet von Spannungen gegenüber vorgesetzten Ebenen, welche qua Hierarchie bestimmte Verhaltens- und Handlungsweisen fordern können sowie der Unsicherheit über die dortige Einschätzung der eigenen Person.

2. Der Berater internalisiert das permanente äußere Kontrollverhalten der Institution, fühlt sich unsicher, stellt die eigene Kompetenz in Frage und wünscht Hilfen und strukturelle Vorgaben.

3. Da für Ansehen und Aufstieg in der Hierarchie ohnehin insbesondere Anpassungsleistungen an interne Strukturen maßgebend sind, werden die insoweit uneffektiven Bemühungen und Anstrengungen im Beratungsbereich auf ein vertretbares Minimum reduziert.

Insofern besteht permanent die Möglichkeit einer negativen Beeinflussung des beraterischen Verhaltens gegenüber dem Ratsuchenden.

Das einzige dieser latenten Gefahr entgegenwirkende Potential ist der jeweilige Grad an professioneller Orientierung. Dieser wird jedoch wiederum in entscheidender Weise bestimmt vom Vorhandensein berufsständischer Interessenvertretungen.

Gelingt es dem Berater im Berufsalltag nicht, trotz des auf ihm lastenden organisatorischen Umfeldes, seine Klientenorientierung und insbesondere seine Sensibilität für die an ihn herangetragenen Bedürfnisse zu erhalten, so kann auf diesem Wege nicht nur die Möglichkeit einer Bestätigung durch zumindest ansatzweise positive Rückkopplung verlorengehen, sondern die nicht mehr vorgenommene Orientierung am ursprünglich internalisierten Berufsbild führt zu einem Verlust an aufgabenspezifischer Stimulation.

So kann es zu einem ständigen Absinken der Beratungsqualität kommen, ohne daß auf der anderen Seite die Organisation die gezeigte Konformität honorieren würde.

3.2 Arbeitsquantität und -intensität

Beraterisches Verhalten wird in der Realität niemals ausschließlich von einer Einflußkomponente bestimmt, sondern von einem Bündel, dessen Konstellation sich situationsspezifisch verändert.

Einer dieser Bereiche ist das Verhältnis von zur Verfügung stehender Zeit zum Anforderungsspektrum eines Beratungsgespräches.
Insbesondere, wenn von dem Berater mehr als eine reine Fachinformation gefordert wird, kann das jeweils gegebene Zeitbudget zu einer zusätzlichen Belastung für den Raterteilenden werden.

So stellt ein Beratungsgespräch, in dem eine auf den jeweiligen Einzelfall abgestimmte, bestmögliche Hilfe gegeben werden soll, erhebliche Anforderungen an den Berater. Es verlangt ein hohes Maß an Akzeptanz, Empathie und Kongruenz.[1] Nach Rodgers hat Beratung

---

1) Vgl. S. Bachmair u.a., Beraten will gelernt sein, 3. Aufl., Weinheim, Basel 1985, S. 25 und S. Weinberger, Klientenzentrierte Gesprächsführung, Weinheim, Basel 1980, S. 38 ff.

nicht-direktiv und klientenzentriert zu sein. Der Berater habe seine eigene Person zurückzunehmen und sich ganz in die Lage der Klienten zu versetzen, um diesen ein objektives Bild ihrer selbst vermitteln zu können.[1]

Das Maß an Einfühlungsvermögen, welches der Berater in dieser Hinsicht aufzubringen in der Lage ist, ist ein Bestimmungsfaktor für beraterische Qualität. Dabei steigt die dafür erforderliche Konzentration bei eng limitierten Zeitvorgaben oder dem Bewußtsein zahlreicher, wartender Besucher u.U. in einem Ausmaße an, daß es die Kapazität des Beraters überfordert.

Auch in diesem Fall sieht sich der Berater einer realen Situation gegenüber, welche gekennzeichnet ist von zumindest partieller Konkurrenz der von ihm geforderten Handlungsweisen.

Zum einen identifiziert er seine beraterische Leistung mit dem von ihm wahrgenommenen Maß der beraterischen Qualität und ist bemüht, seinem Selbstverständnis entsprechend zu helfen, zum anderen lastet auf ihm der Anspruch, in der vorgegebenen Zeiteinheit gleich intensive Dienstleistungen möglichst zahlreich anzubieten.

Durch eine vorherige zeitliche Fixierung des Gesprächstermins kann hier zwar generell ein zeitlicher Freiraum gewährt werden, in Einzelfällen erweisen sich aber auch hier die Zeitvorgaben als nicht problemlösungsadäquat, so daß es zu ähnlichen

---

1) Vgl. C.R. Rodgers, Die klientenzentrierte Gesprächspsychotherapie, München 1972, S. 47.

Belastungssituationen kommen kann wie bei einer unterminierten Beratung.
Arbeitsbelastung resultiert im übrigen ja keineswegs ausschließlich aus den geführten oder noch zu führenden Gesprächen, sondern aus der Vielzahl der sonstigen Aufgaben, welchen sich Berater gegenübersehen. So sind beispielsweise über die Gespräche in vielen Fällen Protokolle zu führen, es sind mitunter ärztliche oder psychologische Gutachten anzufordern oder auszuwerten bzw. selbst gutachterliche Äußerungen für andere Stellen abzugeben.

Gerade diese Tätigkeiten können neben dem zeitlichen Aufwand auch zu einer Belastung im Selbstverständnis des Beraters werden.

So kommt es in der Realität insbesondere bei Beratern mit hohem eigenen Anspruchsniveau bezüglich ihrer Arbeitsleistung und hoher Inanspruchnahme häufig zu intrapersonellen Konflikten, welche nach keiner Seite hin zufriedenstellend zu lösen sind und so einen permanenten Problemdruck erzeugen, der sich auch auf das dem Klienten gezeigte Verhalten auswirken kann. Dadurch wird das qualitative Niveau eines Beratungsgespräches tangiert und teilweise erheblich gemindert.
Insofern ist durch die quantitativen Bedingungen bereits institutionell der Rahmen vorgegeben, in welchem sich klientenbezogenes beraterisches Bemühen realisieren läßt.[1)]

Aber nicht nur die aus der Arbeitsquantität herrührenden Belastungen schlagen sich auf das

1) F. Breuer, Psychologische Beratung und Therapie in der Praxis, Heidelberg 1979, S. 20.

beraterische Verhalten nieder, sondern auch eine die zeitliche Kapazität des Beratens nicht überfordernde Gesprächsfolge kann zu Belastungsspitzen führen, welche die Kapazitätsgrenzen des einzelnen übersteigen.

Hier ist insbesondere die Summe der Anforderungen gemeint, welche sich aus der dem Berater obliegenden Hauptverantwortung für eine anliegen- und personengerechte Gestaltung des Gesprächsverlaufes, für die aktuellen, sachlich richtigen Fachauskünfte sowie für die u.U. erforderliche gemeinsame Erarbeitung von Strategien zukünftigen Handelns des Klienten ergeben.

Ständige geistige Präsenz, hohe Sensibilität dem Ratsuchenden gegenüber , Beherrschung der Kommunikationstechniken, permanente Kontrolle der eigenen und fremden verbalen und nonverbalen Kommunikation, wiederkehrende, zielorientierte Reflexionen des bisher Gesagten und der Zwang, am Ende des Gespräches mit dem Gegenüber zusammen eine möglichst optimale Lösung zu finden, führen in vielen Fällen zu einer Intensität der Arbeit, welche bei entsprechender Wiederholung einen unvermeidlichen Abbau der Kapazitäten auf seiten des Beraters zur Folge hat.

3.3 Bedürfnisstruktur der Klienten

Beraterisches Verhalten ist, wie gezeigt wurde, abhängig von den organisatorischen, quantitativen und intensitätsmäßigen Rahmenbedingungen.
Neben diesen Größen läßt sich noch eine Einflußkomponente isolieren, welche sich in einem zentralen Punkt von den übrigen Faktoren unterscheidet.
Es ist die oft überaus komplexe und gleichzeitig heterogene Bedürfnisstruktur der Klienten.

Während aber alle anderen, auf den Berater einwirkenden Einflüsse durch Änderung der entsprechenden Arbeitsbedingungen zumindest theoretisch eine Modifizierungsmöglichkeit bieten, ist dieses hier nicht möglich.

In den geführten Gesprächen geht es oftmals eben nicht um das Abfragen von Expertenwissen, welches je nach der vorgebrachten Problemkonstellation eine spezifische und befriedigende Lösungsmöglichkeit bereithält. Hier dominieren teilweise vorgeschobene Wünsche, welche das eigentliche Anliegen überspielen und verdecken.
In diesen Fällen ist es die Aufgabe des Beraters, durch geeignete und zugleich subtile Fragestellungen zum eigentlichen Problem des Klienten vorzudringen.

Neben Gesprächen dieser Art sehen sich die Berater jedoch auch Klienten gegenüber, welche ihre Problemstrukturen gleich am Beginn offen ausbreiten. Nicht selten werden dabei Unvereinbarkeiten und ein fehlender Wirklichkeitsbezug deutlich.

Es wird dann von dem Berater erwartet oder doch erhofft, diese realitätsfernen, in sich nicht konsistenten und oft noch weitgehend diffusen Strukturen zu klären, abzustimmen und der Realität näher zu bringen. Selbst wenn in der Realität davon auszugehen ist, daß beispielsweise Ärzte, Psychologen, Sozialarbeiter oder Berufsberater nicht ausschließlich Problemen dieses Komplexitätsniveaus gegenüberstehen, so wird von ihnen doch in der überwiegenden Zahl der Gespräche erwartet, eine Antwort auf mehr oder weniger vollständig formulierte Fragen zu haben, welche ein Problem oder Bedürfnis betreffen, das seiner Struktur nach mehrdimensional ist und neben der objektiven Beschreibbarkeit auch die individuelle Subjektivität des einzelnen enthält.

Berater erkennen in vielen Fällen schon relativ frühzeitig, daß es eine adäquate Lösung des vorgetragenen oder letztlich gemeinten Anliegens nicht geben kann.
Gerade in diesen Fällen sehen sie sich häufig einem überhöhten Erwartungsdruck gegenüber.
Solche Situationen können der Beratungskraft das Gefühl einer Hilflosigkeit vermitteln, welche trotz der realen Kompetenz besteht.
Dieses Gefühl entsteht aus der Diskrepanz zwischen einem internalisierten Selbstbild, das sich aus kompetenter Hilfeleistung heraus bestätigt, und der erlebten Situation einer Unfähigkeit, diesem Selbstbild entsprechen zu können.
Es erfährt dann noch eine Verstärkung, wenn der Berater spürt, wie die Einschätzung des Klienten von ihm sich während des Gespräches negativ verändert, wenn auch dieser das momentane Unvermögen einer konstruktiven Hilfeleistung spürt.

Zu dem Gefühl der Unfähigkeit, der gewünschten Erwartungshaltung zu entsprechen, addiert sich noch das Gefühl der Unsicherheit. Es entsteht aus der fehlenden Rückkopplung über den empfundenen Nutzen und den individuellen Wert der verbalen Hilfe.

Die Folgen, insbesondere der strukturellen Überlastung der Beraterbeziehung durch den Klienten, können Phänomene körperlicher, emotionaler und geistiger Erschöpfung sein. Vor allem in der amerikanischen Sozialforschung wird dies als Ausbrennen (burnout) beschrieben.
Wenn kontinuierlich einem großen Engagement nur eine minimale Anerkennung zuteil wird, kommt es zu einer Erosion der Lebenskräfte, folgern Aronson u.a.[1)].
Dabei ist es letztlich nicht die menschliche Unzulänglichkeit, die zu burnout-Effekten führt, sondern eine strukturelle Überlastung, die streßhafte Situationen initiiert.[2)]
Schmidbauer spricht in diesem Zusammenhang von einem Helfersyndrom, welches durch die Unvereinbarkeit des Erlebens eigener Unfähigkeit in affektiven Bereichen und der scheinbar omnipotenten, unangreifbaren Fassade der sozialen Dienstleistungen entsteht.[3)]

Der durch Problemkonstellationen dieser Art erzeugte Leidensdruck führt zu Immunisierungsstrategien der Betroffenen.

---

1) E. Aronson/A.M. Pines/D. Kafry, Ausgebrannt, in: Psychologie heute, Oktober 1983, S. 22.
2) Ebenda S. 23.
3) W. Schmidbauer, Die hilflosen Helfer, Reinbek bei Hamburg 1977, S. 12 und W. Schmidbauer, Helfen als Beruf. Die Ware Nächstenliebe, Reinbek bei Hamburg 1983, S. 22.

Typisch ist in diesem Zusammenhang eine Vergrößerung der emotionalen Distanz zu dem Klienten.
So können Berater versuchen, sich gegenüber der Unvollkommenheit der eigenen Einwirkungsmöglichkeiten abzugrenzen, indem sie die an sie herangetragene Problematik selektieren und reduzieren. Dieses führt mitunter nicht nur zu einem unvollkommenen Eingehen auf das tatsächliche Anliegen, sondern die Beraterbeziehung kann in Ausnahmefällen sogar in aggressives oder zynisches Verhalten umschlagen, trotz des grundlegenden persönlichen Engagements.
Soweit dieses Verhalten den Beratern bewußt wird, vergrößert es noch die aufgabenbezogene Frustration.

4. Die Berufsberater - eine Profession?

Wie bereits erwähnt,[1] wird unter einer Profession eine Berufsgruppe verstanden, die sich neben einer ausgeprägten Wissensbasis durch die Wahrnehmung gemeinsamer beruflicher Identität und ausgeprägte Kollektivitätsorientierung auszeichnet.
Berufsgruppen, die diesen Merkmalen in besonderem Maße entsprechen, sind beispielsweise Ärzte, Juristen oder Theologen. Sie haben in der Ausübung ihrer privilegierten Funktionen in der Gesellschaft bereits eine lange Tradition und konnten teilweise über die Ausbildung von berufsständischen Vereinigungen erhebliches Einflußpotential auf gesellschaftliche und politische Willensbildungsprozesse mobilisieren.

Neben den genannten klassischen Professionen gibt es eine Anzahl von Berufen, die sich erst in neuerer Zeit als solche etablieren konnten (z.B. Zahnärzte, Architekten) sowie andere, die zur Zeit mitten im Prozeß der Professionalisierung stehen (wie etwa die Sozialarbeiter).

Inwieweit lassen sich die Merkmale einer Profession auf die Gruppe der Berufsberater anwenden?
Um hierauf eine Antwort zu geben, soll zunächst versucht werden, ein Berufsbild zu entwerfen, was aufgrund des im bundesdeutschen Raum weitgehend fehlenden empirischen Materials nur in Annäherungen möglich ist.

---

1) siehe Punkt 3.1, S.21 f.

Dabei wird von den jeweiligen Funktionen des Berufsberaters in verschiedenen Berufswahltheorien ausgegangen.

Aus bedürfnistheoretischer Sicht hat die Berufswahl möglichst so zu erfolgen, daß sie mit den individuellen Bedürfnisstrukturen des Ratsuchenden sowie den spezifischen Kontrollmechanismen kompatibel ist.[1]

Um entscheiden zu können, ob ein Berufswunsch diesen Bedingungen entspricht, muß der Berufsberater die zugrundeliegenden Motive psychoanalytisch untersuchen. Dazu bedarf es entsprechender detaillierter Fachkenntnisse.[2]

Eine andere Funktion schreiben die entwicklungspsychologisch orientierten Berufswahltheorien dem Berufsberater zu. So ist es in diesem Zusammenhang seine Aufgabe, dem Ratsuchenden bei der Entwicklung des eigenen Selbstkonzeptes zu helfen und es der Realität gegenüberzustellen. Er hat dabei behilflich zu sein, dieses Konzept so in die Berufswelt zu übertragen, daß der individuelle Nutzen und die entsprechende Zufriedenheit für den einzelnen möglichst groß ist und sich zugleich ein entsprechender Gewinn für die Gemeinschaft ergibt.[3] Insofern sollte sich der Berufsberater auch als ein Laufbahnberater verstehen, der nicht nur zu einem einzigen Zeitpunkt oder während einer bestimmten Phase des Entwicklungsprozesses

---

1) U. Moser, Psychologie der Arbeitswelt und der Arbeitsstörungen, Bern 1965, S. 107 ff.
2) Vgl. ebenda S. 80.
3) D.E. Super, Vocational adjustment implementing a self-concept. Occupation 30, 1951, S. 92.

Hilfeleistungen gibt, sondern dem einzelnen auch über eine lange Zeitspanne hinweg behilflich sein kann.

Wird dagegen die Berufswahl als Allokationsprozeß betrachtet, erhält der Berater eine wesentlich andere Position. Als Hauptaufgabe wird hier zwar die Information von Jugendlichen und ihren Eltern angesehen, daneben aber auch eine Umstimmung von Unentschlossenen nicht geleugnet, die zu weniger bekannten oder weniger gewünschten Berufen führt.
Außerdem sollte der Berufsberater über sehr gute berufskundliche und prognostische Kenntnisse und Unterlagen verfügen. Daheim, ein Vertreter dieses Ansatzes, befürwortet eine volle Professionalisierung dieser Berufsgruppe sowie eine hochschulmäßige Ausbildung.[1)]

Die entscheidungstheoretische Sichtweise der Berufswahl, die den Prozeß des Auswählens und Festlegens in den Vordergrund ihrer Überlegungen stellt, betrachtet die Berufsberatung als Entscheidungshilfe. Nach Herrmanns [2)] sollte der Berufsberater dem Ratsuchenden in jeweils individuell aufbereiteter Form alle erforderlichen Informationen über die Berufsrealität geben können. Er müßte bei dem jeweiligen Auswertungs- und Bewertungsprozeß behilflich sein und in der Beratungsmethodik flexibel reagieren. Zielrichtung der entscheidungstheoretischen Orientierung ist die konsequente Subsidiarität des Berufsberaters, die zu einer Ausrichtung an dem

---

1) Vgl. H. Daheim, Der Beruf in der modernen Gesellschaft: Versuch einer soziologischen Theorie beruflichen Handelns, 2. Aufl., Köln, Berlin 1970, S. 107.
2) K. Herrmanns, Berufsberatung als Entscheidungshilfe, in: Berufsberater-Seminar in Neustift bei Brixen, Südtirol, veranstaltet vom Amt für Berufsberatung der Südtiroler Landesregierung, 1975.

Bedürfnis nach individueller Unterstützung des Berufswahlprozesses führt.
Außerdem ist die Beratung insgesamt so transparent wie möglich zu gestalten, um eine möglichst breite und fundierte Entscheidungsgrundlage zu ermöglichen. Dies setzt eine Durchschaubarkeit der Berufe und Bildungsinstitutionen als auch des Beratungsprozesses selbst voraus.

Wie aus den vorgestellten berufswahltheoretischen Sichtweisen hervorgeht, steht die Tätigkeit des Berufsberaters in einem Spannungsfeld zwischen individuellen Bedürfnissen und kollektiven Gegebenheiten.

Zum einen ist der Berufsberater Helfer bei der Transparentmachung, Ausgestaltung und Weiterentwicklung der eigenen Identität in beruflicher Hinsicht. Er kann dabei neben der Förderung des individuellen Entwicklungsprozesses auch konkrete, einzelfallbezogene Entscheidungshilfe leisten, indem er dem Ratsuchenden Informationen vermittelt und bei deren Auswertung behilflich ist.

Zum anderen ist der Berufsberater Sachverständiger hinsichtlich Situationen und Entwicklungen in Berufen und Bildungswegen sowie der Aufnahmefähigkeit der jeweiligen Teilarbeitsmärkte. Dabei muß er Dynamik und Entwicklungspotential der einzelnen beruflichen Richtungen genauso durchschauen wie volkswirtschaftliche und konjunkturelle Veränderungen.

In der Tätigkeit des Berufsberaters verbinden sich so zwei gegensätzliche Wissens- und Neigungsbereiche: die pädagogische, individualpsychologische

Orientierung mit der Fähigkeit zu konkreten Berufs- und Arbeitsmarktanalysen.

Aufgrund dieser Situation ist es im Vergleich zu anderen wissenschaftlich fundierten Sozialberufen, wie beispielsweise dem des Lehrers, Psychologen oder Volkswirtes nicht leicht, das Charakteristikum des Berufsberaterberufes schlüssig zu beschreiben. [1]

Die Vielseitigkeit der Anforderungen lassen in diesem Beruf eine generelle Schwerpunktbildung nicht zu. Diese wird je nach Beraterpersönlichkeit im jeweils vorgegebenen Rahmen individuell erfolgen.
Das hierfür zur Verfügung stehende Feld läßt unterschiedliche Aktivitäten und methodische Vorgehensweisen im Beratungsgeschehen zu.[2]
Es bleibt ein Spielraum für eine eigenständige Definition der persönlichen Tätigkeit, welcher aus der Schwierigkeit der präzisen Berufs- und Aufgabeninterpretation resultiert.
Das Maß an Offenheit der Berufsposition wird neben den institutionellen und rechtlichen Schranken im wesentlichen begrenzt von bestimmten Anforderungen und Eigenschaften, die als besonders relevant für die Ausübung dieses Berufes angesehen werden.

Im folgenden werden einige dieser Eigenschaften

1) Vgl. Th. Scharmann u.a., Berufsbild Berufsberater, Berufsberaterin, Denkschrift des Deutschen Verbandes für Berufsberatung e.V., Frankfurt/M. 1984, S. 6.
2) Vgl. ebenda.

aufgeführt, die Berchtold in einer berufsanalytischen Studie aus dem Jahre 1973 zusammengestellt hat.[1] Danach wird Selbständigkeit und Kritikfähigkeit des Denkens wegen der notwendigen Unabhängigkeit im Beratungsgespräch vorausgesetzt. Weiterhin wird einer guten Menschenkenntnis sowie der Fähigkeit zum Umgang mit Jugendlichen ein hoher Stellenwert eingeräumt.
Ein Interesse am ausgeübten Aufgabenbereich erscheint wegen der ständig erforderlichen beruflichen Weiterbildung unverzichtbar. Wegen der selbständigen Ausübung der Tätigkeit wird darüberhinaus Fleiß und Motivation, weiterhin Belastbarkeit, Ausdauer und Konzentrationsvermögen als notwendig erachtet.
Bei den weiteren für erforderlich gehaltenen Persönlichkeitsmerkmalen stehen Kontaktfreudigkeit, Selbstvertrauen sowie persönliche Reife im Vordergrund.

In ähnlicher Weise äußern sich befragte Berufsberater in der Schweiz.[2] So werden die Eigenschaften: beweglich, hilfsbereit, gefühlvoll, heiter, selbständig, großzügig, humorvoll, offen und verschwiegen als sehr positiv für die Ausübung dieses Berufes angesehen.
Als negativ wird dagegen starres, kühles und mißmutiges Verhalten bewertet.

In einer von Manstetten durchgeführten empirischen Untersuchung erweisen sich denn auch die befragten Berufsberater im Vergleich zu anderen untersuchten

---

1) P. Berchtold, Der Berufsberater. Eine Berufsanalyse auf arbeitsanalytischer Grundlage. Unveröffentlichte Diplomarbeit aus dem Psychologischen Institut der Universität Freiburg in der Schweiz 1973, S. 112. 136, zitiert bei L. Bertsch, Die Rolle des Berufsberaters, Zürich 1979, S. 83 ff.
2) L. Bertsch, Die Rolle des Berufsberaters, a.a.O., S. 233 ff.

Berufsgruppen als
mehr extrovertiert,
weniger neurotisch,
weniger rigide,
leistungsmotivierter,
nicht autoritärer,
weniger dogmatisch,
weniger intolerant und
weniger direktiv eingestellt.[1]

Innerhalb dieses Rahmens konkretisiert sich berufsberaterisches Verhalten durch spezifische Auffassungen von einer adäquaten Gesprächsführung.

Dieses Beratungsverständnis stellt ein konzentriertes und fallangemessen strukturiertes Gespräch in den Vordergrund der Bemühungen.
In ihm soll der Berater in nicht-direktivem, klientenzentriertem Sinn Hilfe zur Selbsthilfe leisten.
Als Grundvoraussetzung hierfür wird generell eine möglichst offene Akzeptanz des Gegenübers sowie Empathie angesehen.

Das erste Ziel des Beraters während des Gespräches ist die Analyse des Anliegens, das keineswegs mit vordergründig gestellten Fragen identisch zu sein braucht. Im Rahmen dieses Klärungsprozesses werden nicht nur die verbal wahrgenommenen Informationen gewertet, sondern die Sensibilität des Beraters sollte sich auch auf Signale im non-verbalen Bereich konzentrieren.
Das herrschende Beratungsverständnis der Berufsberater geht von einer klientenzentrierten Sichtweise

---

1) R. Manstetten, Das Berufsberatergespräch, Trier 1975, S. 80.

aus, d.h. von einer individuellen Problemlösung und nicht von einem schematischen Zu- oder Abraten. Der Berater hilft dem Ratsuchenden nicht, indem er ihn mit seiner Meinung konfrontiert, sondern indem er ihm Wege zur beruflichen Selbstfindung aufzeigt und ihn hierbei begleitet.

Bei einer Skizzierung des idealtypischen Beraters von Landorff werden folgende Punkte in den Vordergrund gestellt:
- Konzentration auf den Besucher,
- geduldiges Suchen nach dessen Anliegen,
- Ernstnehmen des Anliegens,
- Zuhören und Erläutern des Hintergrundes bei schwierigen Fragen,
- Zurückhaltung bei Empfehlungen hinsichtlich Sachentscheidungen,
- Zeitlassen gegenüber dem Ratsuchenden,
- Versuch der Transparentmachung der gegenseitigen Gefühlsebenen,
- keine Formulierung von Ergebnissen und Lösungen am Ende des Gespräches, sondern die Verdeutlichung der hier einsetzenden Aufgabe des Besuchers.[1]

Diesem Beratungsverständnis entsprechen die Antworten der Berufsberater in der bereits zitierten Untersuchung von Bertsch auf die Frage nach der Definition der eigenen Berufsrolle.

---

1) L. Landorff,"Mitarbeiter" gesucht, in: abi Berufswahl-Magazin, Heft 1 (1988), S. 27.

So bezeichnen sich die befragten Berufsberater selbst als Entwicklungshelfer, als Lebensberater, als Helfer zur Selbsthilfe und Selbstverwirklichung u.a.m..[1]
Sie plädieren weiterhin für eine ganzheitliche Sichtweise von Entscheidungsproblemen in beruflicher Hinsicht. Diese erscheinen ihnen nicht abtrennbar von der restlichen Persönlichkeit und seien daher stets nur vor diesem Hintergrund zu diskutieren.

Aufgrund dieser Berufsauffassung ist es nicht verwunderlich, wenn Berufsberater den höchsten beruflichen Verwandtschaftsgrad mit den Psychologen sehen. Große Ähnlichkeiten bestehen ihrer Meinung nach ebenfalls zu Erziehungsberatern, Sozialarbeitern und Schulpsychologen.
Kaum oder gar nicht verwandt fühlen sie sich den Beamten, Ärzten, Heimerziehern und Betriebsberatern. Einen niedrigen Verwandtschaftsgrad empfinden sie gegenüber Pfarrern, Lehrlingsbetreuern oder Lehrern.[2]

Bei dem Versuch der Skizzierung eines Berufsbildes der Berufsberater sind neben der Betrachtung tätigkeitsorientierter Merkmale auch berufsgruppenspezifische Tatsachen von Bedeutung.
Eine in dieser Hinsicht besonders gravierende und wesentliche Besonderheit ist die hohe Heterogenität. Dieses ist besonders auf die Unterschiedlichkeit der Vorbildungen und des bisherigen beruflichen Werdeganges zurückzuführen.
Entscheidend verstärkt wird diese Heterogenität noch durch die zwei getrennten Ebenen der Ausübung des Berufsberaterberufes in der Bundesrepublik: als Berufsberater (Schüler bis einschließlich Klasse 10)

---

1) L. Bertsch, Die Rolle des Berufsberaters, a.a.O., S. 226 f.
2) L.Bertsch, Die Rolle des Berufsberaters, a.a.O., S. 219 ff.

und als Berufsberater für Abiturienten und Hochschüler.
Wie in Punkt 6 noch detailliert beschrieben wird, unterscheiden sie sich durch die Zugehörigkeit zu verschiedenen Laufbahngruppen, durch unterschiedliche Vorbildungen und Ausbildungswege, die Betreuung unterschiedlicher Personengruppen sowie unterschiedliche Bezahlung.
Außerdem sind auf beiden Ebenen bestimmte Berufsberater speziell für die Belange behinderter Ratsuchender zuständig, deren Arbeitsweise sich u.a. aufgrund des in diesem Bereich erforderlichen umfangreicheren Schriftverkehrs deutlich von der der übrigen Berater unterscheiden kann.
Typisch ist für Berufsberater auch die Ausbildung in einem oder mehreren Berufen vor ihrer jetzigen Beratertätigkeit sowie entsprechende weitere berufliche Erfahrungen.
Nach der empirischen Untersuchung von Manstetten gaben über 83 % der befragten Berufsberater an, vorher mindestens einen anderen Beruf erlernt zu haben.[1)]

Das diese ausgesprochene Heterogenität der Gruppe der Berufsberater nicht nur für bundesdeutsche Verhältnisse typisch ist, belegen entsprechende Untersuchungen aus der Schweiz.[2)]

Tschopp und Burn führen als Gründe für diese Heterogenität a.a. auf:

1) R. Manstetten, Das Berufsberatungsgespräch, a.a.O., S. 81.
2) E. Frischknecht, Die Berufsberater, ihre Tätigkeit und Arbeitssituation, Zürich 1985, S. 50 ff. sowie J. Tschopp/R. Burn, Das Erlebnis Berufsberatung aus der Sicht der Berufsberater, unveröffentlichte Diplomarbeit, Zürich 1977, zitiert bei: E. Frischknecht, Die Berufsberater, ihre Tätigkeit und Arbeitssituation, a.a.O., S. 18 ff.

- den individuellen Werdegang zum Berufsberater,
- das große Altersspektrum innerhalb der gleichen Funktion als Berufsberater,
- die Vielzahl von Wegen, um das Beratungsziel zu erreichen,
- eine nochmalige Erweiterung des Spektrums dadurch, daß Berufsberater/-in weder ein typisch weiblicher noch typisch männlicher Beruf ist,
- das Fehlen eines integrierend wirkenden Leitbildes,

- das Fehlen eines eigentlichen "Vaters" der Berufsberatung, wie ihn zum Beispiel Analytiker oder therapeutische Gruppen kennen,
- die schwierige Überprüfbarkeit von Erfolg oder Mißerfolg einer Beratung und damit auch der Qualitäten eines Beraters bzw. seiner Beratungsstrategie.[1)]

Die ausgeprägte Heterogenität der Berufsberater hat fraglos positive Auswirkungen bezüglich einer Pluralität von Sichtweisen, Einstellungen und individuellen Arbeitskonzeptionen. Der aus einer solchen Vielfalt resultierende Erfahrungsaustausch kann für den einzelnen Berater stimulierend und gewinnbringend hinsichtlich der Lösung der eigenen Beratungsaufgaben sein; darüberhinaus vermag sie auch der Arbeit in Berufsverbänden, Gremien und Teams entsprechende Impulse geben.

---

1) J. Tschopp/R. Burn, Das Erlebnis Berufsberatung aus de Sicht der Berufsberater, unveröffentlichte Diplomarbeit, Zürich 1877, zitiert bei E. Frischknecht, Die Berufsberater, ihre Tätigkeit und Arbeitssituation, a.a.O. S. 19.

Auf der anderen Seite erschwert diese Heterogenität es einer Berufsgruppe, einen Konsens zu finden oder mehrheitlich eine Meinung zu vertreten.
Frischknecht vermutet in diesem Zusammenhang, daß der oft genannte "Individualismus" der Berufsberater nicht nur ein persönlichkeitsbezogenes Merkmal der Berater ist, sondern auch eine Konsequenz dieser Heterogenität.1)

Eindeutig negative Auswirkungen dieser beruflichen Vielfalt der Berufsberater treten dann in Erscheinung, wenn es um die Formulierung und Vertretung der eigenen Interessen gegenüber vorgesetzten Instanzen geht. Hier kommt es leicht zu einer Aufsplitterung der Gruppenbelange in individuelle Einzelwünsche, die für die maßgebenden Führungskräfte problemloser bearbeitbar sind.
Insofern hat dies Charakteristikum für die Berufsgruppe ambivalente Funktionen: es verbreitert zwar das Spektrum an individuellen Erscheinungsformen und Problemlösungsansätzen, gleichzeitig engt es aber Konsensfähigkeit sowie Durchsetzungsvermögen ein.
Weiteren Aufschluß über Verhaltensweisen dieser Berufsgruppe gibt eine empirische Arbeit von Bühler, in der der Berufswechsel von Berufsberatern thematisiert wird.2)
In dieser Arbeit kommt zum Ausdruck, daß die überwiegende Zahl von Berufswechslern die Entscheidung für eine Berufsberatertätigkeit offensichtlich nicht primär sachorientiert getroffen haben. Vielmehr

---

1) E. Frischknecht, Die Berufsberater, ihre Tätigkeit und Arbeitssituation, a.a.O., S. 71.
2) M. Bühler, Motive des Berufswechsels von Berufsberatern. Unveröffentlichte Diplomarbeit am Psychologischen Seminar des Instituts für Angewandte Psychologie, Zürich 1975, zitiert bei: L. Bertsch, Die Rolle des Berufsberaters, a.a.O.,S. 116 ff.

erschienen ihnen in erster Linie bestimmte Teilaspekte dieser Tätigkeit attraktiv, wie beispielsweise die Möglichkeit einer intensiven Einzelfallhilfe.
Als Gründe für die Aufgabe der Berufsberatertätigkeit werden dagegen angeführt:

- das Gefühl der Routine und Angst vor dem beruflichen Stillstehen,

- Zweifel am Erfolg der Beratertätigkeit und psychische Überbelastung sowie u.a.
- mangelnde berufliche Anerkennung und zuviel administrative Arbeit.

Bei den Gründen für den Berufswechsel mögen jedoch auch Aspekte eines beruflichen und finanziellen Aufstiegs eine Rolle gespielt haben.[1])
Die ebenfalls empirisch ausgerichtete Arbeit von Schröder bestätigt Professionalisierungstendenzen der Berufsberater. So lehnen die Befragten überwiegend eine instrumentalistische Einschätzung ihrer Erwerbstätigkeit ab. Ablehnung erfahren auch bürokratische Standards. So teilen lediglich ein Viertel in ihrer Antwort die Auffassung, Vorschriften und Erlasse könnten einen reibungslosen Arbeitsverlauf sicherstellen.
Dagegen wird eine Selbst- und Kollegenkontrolle ausdrücklich begrüßt, was beispielsweise daran deutlich wird, daß über 80 % der befragten Berater

1) M. Bühler, Motive des Berufswechsels von Berufsberatern. Unveröffentlichte Diplomarbeit am Psychologischen Seminar des Instituts für Angewandte Psychologie, Zürich 1975, zitiert bei: L. Bertsch, Die Rolle des Berufsberaters, a.a.O.,S. 117.

eine gemeinsame Absprache der Arbeitspläne von Kollegen in einer Dienststelle befürworten.1)

Zur Abrundung des zu skizzierenden Berufsbildes der Berufsberater soll auch deren berufliche Interessenvertretung in der Bundesrepublik dargestellt werden: der Deutsche Verband für Berufsberatung e.V. (dvb). Dieser eingetragene Verein mit Sitz in Frankfurt/M. besteht seit 1956. Der dvb sieht seine Hauptaufgabe in der Weiterentwicklung von Berufsberatung sowie der Stärkung der Position des Beraters.

Aufgrund einer konkreten Auffassung von der leistenden Beratungstätigkeit wurde 1984 ein Berufs- und Funktionsbild "Berufsberater" konzipiert mit dem Ziel, nicht nur berufliches Selbstverständnis der Berater zu befriedigen, sondern auch eine staatliche Anerkennung des Berufes auf der Grundlage dieses Berufsbildes zu erreichen.

Weiterhin tritt der dvb vor allem für die Erhaltung eines beraterischen Freiraumes im Rahmen der fachlichen Anweisungen der Berufsberatung, für die Förderung der wissenschaftlich-theoretischen Grundlagenarbeit und für die Erarbeitung von Fortbildungskonzepten für Beratungsfachkräfte ein.

Daneben betreibt der Verband eine gezielte Öffentlichkeitsarbeit, bei der die Gesprächspartner auf der einen Seite insbesondere Ministerien, Gewerkschaften, Parteien, Verbände, Kammern und Elternbeiräte sind, auf der anderen Seite jedoch auch die entsprechenden Organe der BA.

---

1) H. Schröder, Die Funktionen und Rolle des Berufsberaters, Beiträge zur Arbeitsmarkt- und Berufsforschung 132, Nürnberg 1989, S. 178 f.

Von dem dvb gehen Aktivitäten unterschiedlicher Art aus, wie vor allem Mitgliederversammlungen auf Landes- und Bundesebene, Arbeitstagungen, Teilnahme an internationalen Kongressen als Mitglied der internationalen Berufsberatervereinigung, periodische Herausgabe der Zeitschrift "Der Berufsberater" sowie zusätzliche Publikationen.

Der Berufsverband versucht durch das Aufgreifen aktueller Themen aus der Arbeit der Berufsberatung, durch Sensibilisierung maßgebender Kreise und durch argumentative Auseinandersetzung mit abweichenden Vorstellungen der BA einen Beitrag zur Abwendung oder Milderung nachteiliger Entwicklungen , wie beispielsweise Stellenabbau, zu leisten.

Der größte Problembereich für den Berufsverband ist seine Akzeptanz bei Entscheidungsträgern in der BA und damit die effektive Beeinflussungsmöglichkeit konkret geplanter Vorhaben.
Hier befindet sich der dvb generell in der Situation, auf bereits weitgehend festgelegte Maßnahmen reagieren zu müssen und kaum während der Planungsphase beteiligt zu werden.

An dieser Stelle wird ein Grundproblem sichtbar, das sich nicht nur auf die Einschätzung eines beraterischen Berufes bezieht. Es liegt begründet in den real existierende Macht- und Einflußasymmetrien zwischen einer über ein Monopol verfügenden, hierarchisch strukturierten Beschäftigungsorganisation und den entsprechend abhängig in Beratungsfunktionen Beschäftigten.

Der Professionalisierungsgrad der Berufsberater wird begrenzt durch den Arbeitgeber, zu dem es bei der Ausübung dieses Berufes keine Alternative gibt.
Die Berufsausübung der Berufsberater bedeutet insofern eine Einfügung in einen Raum, der von der Beschäftigungsorganisation definiert wird.

Es fehlen dieser Berufsgruppe wesentliche Kriterien, die "klassische" Professionen auszeichnen: eine zumindest partiell vorhandene Unabhängigkeit sowie eine eigenständige Definition der Berufsrolle.

Auch eine weitgehende Eigensteuerung in den Tätigkeitsvollzügen ist nicht vorhanden, da generell alle geplanten Aktivitäten, die über die Gestaltung von Gesprächsabläufen und -inhalten hinausgehen, der Billigung der Führungskräfte bedürfen.
Diese bestehende Abhängigkeit von Auffassungen und Entscheidungen vorgesetzter Instanzen führt zu einem latenten Spannungsverhältnis zwischen verschiedenen Ebenen, das sich in skeptischer Distanz niederschlägt.
Eine solche Entwicklung wird stets von Dokumentationen einseitiger Einflußausübung stimuliert, insbesondere dann, wenn ohne Konsultation oder Abstimmung ein wesentlicher Eingriff in bis dahin noch weitgehend autonome Bereiche der Berufsausübung der Berater erfolgt.

Aber nicht nur von dieser Seite wird der Professionalisierungsgrad der Berufsberater begrenzt.
Das Professionen mit auszeichnende Merkmal einer Wahrnehmung gemeinsamer beruflicher Identität sowie eine ausgesprochene Kollektivorientierung ist bei den Berufsberatern nur partiell zu beobachten. Dieses ist

in erster Linie auf die bereits erwähnte Heterogenität dieser Berufsgruppe zurückzuführen.

So steht am Schluß der Betrachtung des Professionalisierungsgrades eine eindeutige Aussage: die Berufsberater in der Bundesrepublik Deutschland sind nur in Ansätzen professionalisiert.

Dabei wäre sehr wohl ein wesentlich höherer Ausprägungsgrad denkbar.
Die Angehörigen dieser Berufsgruppe sind aufgrund ihrer Ausbildung und fachlichen Informiertheit Experten und verfügen auf ihrem Arbeitsgebiet über von anderen kaum erreichte Kompetenz. Sie üben weiterhin in der Gesellschaft Funktionen aus, denen individuell als auch gesamtgesellschaftlich hohe Bedeutung zukommen. Aufgrund dieser Privilegien können sie erheblichen Einfluß auf Willensbildungs- und Entscheidungsprozesse nehmen.

Die Berufsberater könnten ihren Beruf grundsätzlich innerhalb ganz anderer organisatorischer Rahmenbedingungen ausüben. So wären sowohl andere Anstellungsformen als auch andere Anstellungsträger denkbar, im weiteren Sinne sogar eine berufliche Selbständigkeit dieser Berufsgruppe, wobei allerdings eine Entlohnungsform gefunden werden müßte, die den Zugang zu den Beratern unabhängig von der individuellen finanziellen Leistungsfähigkeit ermöglicht.
So könnten die Berufsberater allein aufgrund ihrer Aufgabenstellung die Merkmale einer echten Profession erfüllen und insofern auch über alle damit verbundenen Attribute verfügen.

Daß dies in der Bundesrepublik Deutschland (sowie in den meisten anderen Staaten, in denen eine solche Beratungsform existiert) nicht der Fall ist, spricht nicht gegen die Denkbarkeit einer solchen Situation.

Dieser Zwiespalt zwischen Möglichkeit und Wirklichkeit des Professionalisierungsgrades ist, auch wenn dies teilweise nur unbewußt empfunden wird, ein fester Bestandteil der Berufssituation.
Er verbindet sich leicht mit der Vorstellung, die Beschäftigungsorganisation beschneide in unnötiger Weise den Raum der beruflichen Gestaltungsmöglichkeiten und damit den angestrebten Professionalisierungsgrad.

Allgemein konnte sich bei den Berufsberatern aufgrund der spezifischen Gegebenheiten von Berufsverständnis und Berufsausübung das berufliche Selbstverständnis bisher nicht in einer Weise etablieren, um als umfassender Integrationsmechanismus in Erscheinung treten zu können.
Ambivalenz sowohl hinsichtlich der Aufgabenstellung als auch der individuellen Sichtweise der Tätigkeit und der Realisierungsform der Leistungen ist ein Charakteristikum dieses Berufes.

5. Organisation der Abteilung Berufsberatung in einem Arbeitsamt

5.1 Gegenwärtige Organisationsstruktur

Der organisatorische Aufbau der Abteilung Berufsberatung in Arbeitsämtern stammt in wesentlichen Zügen aus dem Jahre 1973. Das Leitungsgefüge, bestehend aus dem Abteilungsleiter und dem/den Abschnittsleiter(n), ist seit diesem Zeitpunkt funktional gegliedert.
Den Abschnittsleitern ist je nach Größe der Dienststelle die fachliche Verantwortung für einen oder mehrere Funktionsbereiche übertragen.
Hierbei handelt es sich um die Bereiche:
- Berufsorientierung,
- berufliche Einzelberatung,
- Ausbildungsvermittlung/Förderung der beruflichen Bildung,
- Fachtechnischer Dienst.

Gleichzeitig mit der Einführung dieser Organisationsstruktur wurden auch die Inhalte der jeweiligen Führungstätigkeiten neu definiert.
So umfaßt der Aufgabenkreis des Abteilungsleiters u.a.:
- die Gesamtorganisation der Abteilung und die Entscheidung von Grundsatzfragen,
- das Erteilen von Arbeitsanweisungen grundsätzlicher Art sowie die Dienstaufsicht,
- die Planung, Durchführung und Auswertung von Dienstbesprechungen,

- die fachübergreifende Planung und Koordination der Aufgaben in den einzelnen Funktionsbereichen sowie
- werbende und aufklärende Maßnahmen über die Berufsberatung.

Den Abschnittsleitern dagegen sind neben anderen Tätigkeiten folgende Aufgabengebiete übertragen worden:
- die verantwortliche fachliche Leitung des/der ihnen übertragenen Funktionsbereiche(s),
- die Planung und Überwachung der fachlichen und arbeitstechnischen Durchführung der entsprechenden Tätigkeiten,
- die Feststellung von Art und Umfang der Aufgaben sowie des Arbeitsablaufs für die zuarbeitenden Kräfte im Fachtechnischen Dienst,
- die Beobachtung von relevanten gesellschaftlichen Entwicklungen und deren Auswertung für die Durchführung der Fachaufgaben.[1]

Der organisatorische Aufbau der Abteilung wurde im Jahre 1977 noch einmal entscheidend modifiziert.
Diese Änderung betraf vor allem die Aufgabengebiete der Berufsberater. Bisher waren sie für alle fachlichen Funktionen: Berufsorientierung, Einzelberatung und Vermittlung von Ausbildungsstellen zuständig gewesen.
Durchgeführte Modellversuche ließen es jedoch zweckmäßig erscheinen, die Funktionen unter den Beratern so aufzugliedern, daß eine Gruppe sich

---

1) H. Meisel, Die deutsche Berufsberatung, Aufgaben und Praxis der Bundesanstalt für Arbeit, Heft 10, Stuttgart 1978, S. 141 f.

schwerpunktmäßig der Berufsorientierung und beruflichen Beratung widmet, während eine andere in erster Linie alle diejenigen Aufgaben wahrnimmt, die der Realisierung beruflicher Entscheidungen dienen.[1] Es entstand, begründet u.a. mit höherer Wirksamkeit, besserer Berücksichtigung der Klienteninteressen und rationellerer Gestaltung des Arbeitsablaufes, eine weitere Funktionsdifferenzierung durch die Einführung eines Systemes der funktionalen Schwerpunktbildung.[2] In allen größeren Dienststellen wurde ein Funktionsbereich Ausbildungsvermittlung und -beratung geschaffen. Daraus ergab sich auch die Bildung des anderen Funktionsbereiches Berufsorientierung/Berufliche Beratung.

Während die im realisierungsbezogenen Funktionsbereich neu und speziell für diesen Zweck angesetzten Ausbildungsvermittler hier kontinuierlich verbleiben, nehmen die in erster Linie mit Fragen der Ausbildungsstellenwahl und der Eignungsfeststellung beschäftigten Berufsberater diese Funktionen im Wechsel wahr, wobei der jeweilige Zeitraum 2 Jahre betragen soll.[3]

Unterstützt werden die Berater und Vermittler in der Abteilung Berufsberatung bei ihrer Aufgabenerledigung durch den Fachtechnischen Dienst, der funktionsübergreifende Sachaufgaben sowie zuarbeitende, insb. karteiführende Tätigkeiten erledigt.[4]

---

1) H. Kipplat, Berufsberatung, in: F. Kuster, Fachkunde für den Dienst beim Arbeitsamt, 5. Aufl., Stuttgart 1976, S. 319.
2) Runderlaß (RdErl.) 55/77.
3) RdErl. 55/77.
4) H. Meisel, Die deutsche Berufsberatung, a.a.O., S. 146.

Durch die momentane schrittweise Einführung eines Systems der computerunterstützten Ausbildungsstellenvermittlung ergeben sich wieder Veränderungen in der Ablauforganisation der Abteilung. Jeder Berufsberater hat nun Zugriff zu den gemeldeten freien Ausbildungsstellen und händigt dem Ratsuchenden nach Möglichkeit unmittelbar entsprechende Anschriften aus.
Hierdurch ergibt sich eine gewisse Modifizierung des funktionalen Konzeptes, das laut Aussagen der BA generell eine Überarbeitung in Richtung auf eine stärkere integrative Aufgabendurchführung erfahren soll.[1)]

Die Organisationsstruktur in der Abteilung Berufsberatung ist das Ergebnis bestimmter Grundtendenzen, die sich insbesondere als Bemühungen um Aufwertung und Ausdehnung von Führungsaufgaben sowie der Schaffung von rationelleren und transparenteren Arbeitsabläufen zusammenfassen lassen.

Diese Tendenzen treten bei einem Vergleich mit der Organisationsform vor 1973 besonders deutlich zutage. Damals existierten die Positionen der Ersten Berufsberaterin bzw. des Ersten Berufsberaters, die neben ihren beraterischen Tätigkeiten zugleich Führungsaufgaben wahrnahmen.
Diese in der Abiturientenberatung noch teilweise viele Jahre länger ausgeübte Verbindung von Führungs- und Fachaufgaben gab der Führung den Akzent von Koordination und wegen des Fehlens einer expliziten Hierarchieebene auch den von Selbststeuerung. Als Gründe für die Neuorganisation wurden zum einen

1) Informationen für die Beratungs- und Vermittlungsdienste der BA, Nr. 49 v. 7. Dez. 1988, S. 2198.

der Wegfall der Forderung nach geschlechtsspezifischen Beratung im Arbeitsförderungsgesetz von 1969 genannt, der die bisherige organisatorische Trennung unnötig machte, und zum anderen das Anwachsen der Aufgabenvielfalt und -bedeutung in der Berufsberatung.[1]

Die Änderung ist jedoch im Grunde als Antwort einer sich am Bürokratiemodell orientierenden Organisationsleitung auf eine ständig komplexer werdende Umwelt und eine parallel dazu sich fortwährend quantitativ ausdehnende Organisation zu sehen. Aufgrund dieser Entwicklung mußten, gemessen am herrschenden Verständnis, zunehmend Transparenz- und Steuerungsdefizite auftreten. Die Reaktion der Leitungsebene hierauf war die vollständige Trennung der Führungs- von den Ausführungsfunktionen und damit die Implementierung einer neuen Hierarchieebene.
Weiterhin führte die Einziehung einer funktionellen Struktur neben den Rationalisierungseffekten zu mehr Transparenz und Einflußnahme.

5.2 Frühere organisatorische Eigenständigkeit der Berufsberatung für Abiturienten und Hochschüler

Zur Beurteilung der gegenwärtigen Organisationsstruktur dieser Abteilung ist ein Rückblick auf eine Organisationsform hilfreich, die in der Berufsberatung teilweise zu grundlegend anderen Arbeitsbedingungen geführt hat.

---

1) Vgl. RdErl. 278/72.

Bis zum 1. Mai 1978 gab es zwei getrennte, miteinander kooperierende Organisationseinheiten:

- die allgemeine Berufsberatung und
- die Berufsberatung für Abiturienten und Hochschüler.

Beide Einheiten waren voneinander unabhängig hinsichtlich Führungsstruktur, Aufgabenstellung und Arbeitsplanung.

Die Angehörigen der allgemeinen Berufsberatung unterstanden dem Abteilungsleiter, der, neben evtl. vorhandenen Abschnittsleitern, die Aufsichtsfunktionen wahrnahm.

Die Berufsberatung für Abiturienten und Hochschüler stellte dagegen eine zweite alternative Organisationseinheit dar.

Zu erklären ist diese Sonderstellung weitgehend aus dem zahlenmäßigen Verhältnis zwischen den beiden Beratergruppen sowie aus den unterschiedlichen Aufgabenbereichen. Während jedes Arbeitsamt auch in den fünfziger Jahren über eine Abteilung Berufsberatung mit der entsprechend der Größe und Einwohnerzahl des Arbeitsamtsbezirkes festgelegten Zahl von Berufsberatern verfügte, standen im Gegensatz dazu nur eine sehr geringe Anzahl von Abiturientenberatern zur Verfügung, die aus diesem Grunde jeweils äußerst weitläufige Bezirke zu betreuen hatten. Die damaligen Berufsberater für Abiturienten und Hochschüler waren in der Regel für mehrere Arbeitsamtsbezirke gleichermaßen zuständig. Die BA bezeichnete das Arbeitsamt, bei welchem diese Berater personalmäßig angesetzt waren, als Stützpunktarbeitsamt.[1)]

Aber auch die fachliche Arbeit der Abiturientenberatung, die sich fast ausschließlich auf Ausbildungsgänge im Hochschulbereich und akademische

---

1) H. Meisel, Die deutsche Berufsberatung, a.a.O., S. 148 f.

Berufe konzentrierte, ließ zum damaligen Zeitpunkt eine organisatorische Sonderstellung dieser speziellen Berufsberatung geboten erscheinen.[1)]
Sie bedeutete für die Berufsberater für Abiturienten und Hochschüler eine Abkoppelung von dem hierarchisch geprägten Aufbau der allgemeinen Berufsberatung und gleichzeitig die Eröffnung aufgabenspezifischer Freiräume.

Die Berufsberatung für Abiturienten und Hochschüler in einem Stützpunktarbeitsamt bestand aus mindestens zwei entsprechenden Beratern. Einem von ihnen waren koordinierende und leitende Funktionen übertragen, er war auch der Ansprechpartner vorgesetzter Stellen.

Diesem sogenannten Ersten Berufsberater für Abiturienten und Hochschüler oblagen als Führungsaufgaben, die auch delegiert werden konnten, insbesondere die fachliche Verantwortung für die Durchführung der Berufsorientierung und der beruflichen Einzelberatung, die Abstimmung der Zusammenarbeit mit anderen Abteilungen, die fachliche Beteiligung in Angelegenheiten des Personals, des Sach- und Personalhaushaltes, die Unterstützung des Direktors bei der Ausübung seiner Aufsichtsfunktion u.a.m.[2)]

Befragte Abiturientenberater, welche diese Situation miterlebt haben, äußern sich sehr positiv über die früheren Arbeitsbedingungen.
Der jeweilige Gestaltungsspielraum war nur begrenzt durch die Weisungskompetenz des Ersten Abiturientenberaters. Diesem war jedoch neben seinen

---

1) H. Kipplat, Berufsberatung, in: F. Kuster, Fachkunde für den Dienst beim Arbeitsamt, a.a.O., S. 318.
2) RdErl. 194/74

Koordinationsfunktionen zugleich auch die konkrete Durchführung von Aufgaben der Berufsorientierung und Einzelberatung übertragen worden. Insofern war bereits organisatorisch das Verhältnis zwischen dem Ersten und den anderen Abiturientenberatern weitgehend vorbestimmt.

Die sich so ergebenden teamartigen Arbeitsformen schufen bei den Beteiligten das Gefühl, Teil einer eigenständigen Einheit zu sein, die einer bestimmten Aufgabenstellung verpflichtet ist.
Durch die Faktoren organisatorisch geschaffener Freiraum und Führungsstil wurde ein beraterisches Selbstverständnis gefördert, das stimulierte und motivierte.

Ein Berufsberater für Abiturienten und Hochschüler bemerkte in diesem Zusammenhang zur damaligen Arbeitssituation, die Fülle der zu bewältigenden Aufgaben habe zwar Streß erzeugt, doch sei dies selbstgemachter Streß gewesen und insofern von anderer Qualität .

Diese organisatorische Sonderform einer Berufsberatung stieß im Laufe der Zeit, spätestens seit Beginn der siebziger Jahre, auf immer deutlichere Kritik in der BA.
Dabei standen vor allem zwei Argumente im Vordergrund:
- das starke zahlenmäßige Anwachsen der Berufsberatung für Abiturienten und Hochschüler sowie
- der zunehmende Wunsch von Abiturienten nach der Vermittlung von Ausbildungsstellen und die sich dadurch ergebende Aufgaben-

überschneidung mit der allgemeinen Berufsberatung.[1]

Offiziell angedeutet wurden die Bestrebungen nach vollständiger Integration der Berufsberatung für Abiturienten und Hochschüler in der Abteilung Berufsberatung u.a. in einem Runderlaß aus dem Jahre 1974.[2]
Zum Zwecke einer engeren fachlichen Koordination wurde auch die Fachaufsicht über die Berufsberatung für Abiturienten und Hochschüler auf den Direktor des Stützpunktarbeitsamtes übertragen. Bei dieser Funktion hatte ihn der Erste Abiturientenberater zu unterstützen.

Wurde dieser Runderlaß teilweise auch noch als Bestätigung der beiden voneinander verschiedenen Organisationsstrukturen angesehen, so war spätestens ab September 1976 die Absicht einer baldigen Integration deutlich.
In einem Artikel in der Fachzeitschrift für die Aufgaben der BA schrieb der damalige Leiter der Abteilung Berufsberatung der Hauptstelle der BA in Nürnberg, die fortschreitende Aufgabenüberschneidung der beiden Berufsberatungsbereiche lasse aus fachlichen wie aus personalwirtschaftlichen Gründen ein längeres Hinausschieben der Integration nicht mehr zu. Es sei beabsichtigt, diesen Schritt zum 1. Januar 1977 zu vollziehen.[3]
Trotz massiver Ablehnung durch die Berufsberater für Abiturienten und Hochschüler wurde diese dann auch

---

1) RdErl. 26/78.
2) RdErl. 154/74.
3) J. Schaefer, Berufsberatung und "Schülerberg", in: Arbeit und Beruf, Fachzeitschrift für die Aufgaben der Bundesanstalt für Arbeit, 27. Jg. Sept. 1976, S. 258.

zum 1. Mai 1978 durchgeführt, allerdings vorerst nur in den Ämtern, in denen der Dienstposten des Abteilungsleiters der Berufsberatung mit einer Kraft des höheren Dienstes besetzt war.[1)]
Dadurch, so hieß es u.a. in der Begründung, solle unter angemessener Berücksichtigung zielgruppenspezifischer Belange eine an gleichen Arbeitsgrundsätzen orientierte Wahrnehmung sämtlicher berufsberaterischen Aufgaben gewährleistet sein.
Auch die Abschnittsleiter, die sich in der Laufbahn des höheren Dienstes befanden, wurden so weisungsberechtigt gegenüber den Abiturientenberatern.

Parallel mit der schrittweise erfolgenden Auflösung der eigenständigen Organisationsstruktur der Berufsberatung für Abiturienten und Hochschüler und dem entsprechenden Funktionsverlust des Ersten Abiturientenberaters wurde auf der anderen Seite wieder eine herausgehobene Position in der Abiturientenberatung definiert.

In der Regel übernahm nun der bisherige Erste Abiturientenberater die Aufgabe eines sogenannten Hochschulkoordinators. Sämtliche hochschulbezogenen Maßnahmen der BA im jeweiligen Zuständigkeitsbezirk sind von ihm zu planen und abzustimmen.[2)]
So war mit der neu geschaffenen tendenziellen Generalisierung in der Berufsberatung auch eine in bisher nicht vorgesehenem Maße einsetzende Spezialisierung verbunden.

Die vollzogene grundlegende organisatorische Änderung hatte Auswirkungen unterschiedlicher Art. Die

---

1) RdErl. 26/78.
2) Ebenda.

Abiturientenberater standen der Integration eindeutig ablehnend gegenüber.
Entsprechende Berater äußern, ihre berufliche Identität sei gefährdet und ihr beraterisches Selbstverständnis entscheidend tangiert worden.
Damit verbanden sie eine Abwertung ihrer Tätigkeit durch den Fortfall der Selbststeuerungselemente. Motivation und Arbeitszufriedenheit der Berater sanken unmittelbar nach der Aufhebung ihrer eigenständigen Organisationsform auf einen bisher nicht gekannten Tiefpunkt. Dieses galt in besonderem Maße für die bisherigen ersten Abiturientenberater, wie die mit ihnen geführten Gespräche ergaben; bei ihnen traten durch den Funktionsverlust teilweise auch Einkommensminderungen auf.

Diese Stimmungslage bei den Abiturientenberatern führte zu erheblichen Spannungen gegenüber den neuen Vorgesetzten, zu Friktionen im Arbeitsablauf und einer entsprechend belasteten Atmosphäre bei Dienstbesprechungen.
Erwartungen hinsichtlich einer baldigen Gewöhnung an die veränderten Verhältnisse und daraus resultierend einer Verbesserung des Arbeitsklimas bestätigten sich nicht.

Die Integration führte aber auch zu Problemen bei den Führungskräften. Von ihrer Seite war ein besonderes Maß an Sensibilität und situationsgerechtem Verhalten erforderlich, um mit den neu geschaffenen formalen Unterstellungsverhältnissen zu arbeitsfähigen Einheiten zu kommen.

Akzeptanzprobleme gegenüber der Integration erwuchsen auch aus den in Einzelfällen bis in die Gegenwart reichenden Übergangszeiträumen.
Diese resultierten aus den dienstrechtlichen Verhältnissen kleinerer Arbeitsämter, in denen der Leiter der Abteilung Berufsberatung noch Angehöriger des gehobenen Dienstes war. Dort erfolgte die Auflösung der bisherigen Organisationsform der Abiturientenberatung erst bei einer Neubesetzung dieses Dienstpostens mit einer Kraft des höheren Dienstes.
Aus diesem Grunde existierten in der BA beide Organisationsformen über nahezu ein Jahrzehnt hinweg nebeneinander. Bei dienstlichen oder privaten Kontakten der Berater trafen so Angehörige der gleichen Berufsgruppe mit teilweise sehr unterschiedlichen Arbeitsbedingungen aufeinander.
Daß diese Situation permanent einem Akzeptanz- und Eingewöhnungsprozeß entgegenwirkte, liegt auf der Hand.

Insgesamt führte diese weitgehende organisatorische Veränderung zu Identitätsproblemen bei den Beratern, Führungsproblemen bei den Vorgesetzten und einer über Jahre hinweg andauernden Beeinträchtigung des Arbeitsklimas in der Abteilung.
Dieses war sicherlich nicht in dem eingetretenen Ausmaß bei der Planung der Integration vorauszusehen gewesen, obwohl sich die Widerstände insbesondere kurz vor Einführung der Organisationsänderung sehr deutlich artikulierten.[1])
Auf der anderen Seite aber war das Interesse des Arbeitgebers an dieser Lösung letztlich dominierend. Es konnten dafür durchaus gewichtige Gründe angeführt

---

1) So wandten sich beispielsweise Ende 1976 Abiturientenberater auch an den Hauptpersonalrat der BA.

werden, wie rationellere Aufgabenwahrnehmung, welche unter einheitlicher Leitung und Planung möglich sei.[1])

Sachlich gesehen erschien somit unter dem Gesichtspunkt einer besseren Nutzung der vorhandenen Kapazitäten die Vereinheitlichung der Organisationsformen und Arbeitsabläufe in der Abteilung geboten. Mangelnde interne Abstimmung sowie Tendenzen der Mehrgleisigkeit sollten so vermieden werden.

Neben konkreten Argumenten war auch in den leitenden Ebenen der BA das Bedürfnis vorhanden, diese große, zentralistisch ausgelegte Organisation nach einheitlichen Kriterien zu führen, in allen Funktionseinheiten vergleichbare Leistungsstrukturen zu schaffen und überall die gleichen Bewertungskriterien anlegen zu können. Durch homogenere Binnenstrukturen wird allgemein die Transparenz innerhalb einer Organisation erhöht und damit verbunden auch deren Kontrollierbarkeit verbessert.

So betrachtet sind Vereinheitlichungsbestrebungen auch Ausdruck für das Bemühen um mehr Einflußnahme auf das Umfeld. Insofern mußten weitgehend eigenständige, sich selbst steuernde Einheiten als nicht systemkompatibel erscheinen.

An der Integration der Berufsberatung für Abiturienten und Hochschüler in die allgemeine Berufsberatung werden sehr plastisch die grundsätzlich entgegengesetzten Interessenstrukturen unterschiedlicher Funktionsträger innerhalb einer Organisation und ihre jeweils daraus resultierenden Handlungsstrategien deutlich.

---

1) Vgl. RdErl. 26/78.

Die Gruppe der Berufsberater strebt Identitätsfindung im Beruf durch möglichst wirksame, individuell von ihnen gesteuerte Hilfs- und Beratungsangebote an, was weitgehende Autonomie in der Gestaltung der beruflichen Aktivitäten impliziert.

Auf der anderen Seite bemühen sich die Leitungsebenen ebenfalls um eine Realisierung ihres beruflichen Selbstverständnisses, womit auch eine Absicherung und Legitimation der eigenen Position verbunden ist.
Diese erschien hier jedoch nur durch die Möglichkeit eines direkten Zugriffs auf die Arbeitsgestaltung nachgeordneter Einheiten möglich.

6. Ausbildung der Berufsberater

6.1 Ausbildung im Bereich des gehobenen Dienstes

Die BA stellt zum 1. September eines jeden Jahres Beratungsanwärter für die Berufsberatung wie auch für die Arbeitsvermittlung/Arbeitsberatung ein.[1)]

Dabei gelten bestimmte formale Einstellungsvoraussetzungen: neben der Fachhochschulreife oder einer vergleichbaren Schulbildung muß eine abgeschlossene Berufsausbildung sowie eine mindestens zweijährige hauptberufliche Tätigkeit nachgewiesen werden.

Neben diesen grundlegenden Kriterien wird in einem Auswahlverfahren festgestellt, ob der Bewerber für die angestrebte Berufstätigkeit geeignet erscheint. Dieses Verfahren beginnt mit einer eingehenden Prüfung der jeweiligen Bewerbungsunterlagen.

Die danach verbleibenden Bewerber werden zu einem Vorstellungsgespräch in das Arbeitsamt eingeladen. Dort verschafft sich das Auswahlgremium unter Leitung des Direktors im Rahmen dieses Gespräches ein Bild von dem Bewerber, das insbesondere aus Eindrücken zum Kontaktverhalten, zur Argumentationsweise und dem sprachlichen Ausdrucksvermögen, zum sozialen

---

1) Rechtsgrundlage für die gesamte Ausbildung der Beratungsanwärter ist die Ausbildungs-,Studien- und Prüfungsordnung für Beratungsfachkräfte in der Bundesanstalt für Arbeit (ASPO) vom 25. Febr. 1980, in der Fassung der Änderung vom 27. Aug. 1985.

Problembewußtsein sowie zum Grad der Motivation für den angestrebten Beruf besteht.

Aufgrund eines positiven Ergebnisses dieses Gespräches wie auch der anschließenden psychologischen Begutachtung wird eine entsprechende Empfehlung an das Landesarbeitsamt gesandt, wo ein weiteres Gespräch stattfindet.
Verläuft auch dieses in ähnlicher Weise, so erfolgt noch eine ärztliche Eignungsuntersuchung, bevor eine endgültige Einstellung erfolgen kann.

Die Ausbildung zum Berufsberater (oder Arbeitsberater) dauert drei Jahre und ist ein Studiengang der Fachrichtung "Arbeits- und Berufsberatung " am Fachbereich Arbeitsverwaltung der Fachhochschule des Bundes für öffentliche Verwaltung in Mannheim.[1)]
Die Ausbildung soll durch ein anwendungsbezogenes Studium auf wissenschaftlicher Grundlage zur selbständigen Ausübung der Tätigkeit einer Beratungsfachkraft in der BA befähigen.[2)]

Der Studiengang besteht aus Fachstudien und berufspraktischen Studienzeiten von jeweils 18 Monaten, die zeitlich und inhaltlich aufeinander abgestimmt sind.
Er beginnt mit einem vierzehntägigen Einführungspraktikum im Einstellungsarbeitsamt. Anschließend folgt das 6 Monate dauernde ressortübergreifende Grundstudium, in dem ein Rahmenwissen vermittelt wird, welches das Verständnis für die Funktionen und Arbeitsweisen öffentlicher Verwaltungen erhöhen soll.

---

1) Th. Münz, Gehobener Dienst bei der BA, Blätter zur Berufskunde, Band 2, 4. Auflage, Bielefeld 1986, S. 58.
2) Siehe § 6 der ASPO.

Hauptinhalte des Grundstudiums sind vor allem die rechtlichen Grundlagen des Verwaltungshandelns; daneben erscheinen jedoch auch ökonomische und organisatorische Fragestellungen sowie sozialwissenschaftliche Grundlagen.

Aus den wissenschaftlichen Grundlagenfächern
- Psychologie,
- Pädagogik,
- Soziologie,
- Rechtswissenschaft und
- Wirtschaftswissenschaften

sind diejenigen Inhalte ausgewählt, die einen Bezug zur späteren Beratungstätigkeit haben.[1]
So werden beispielsweise in dem Fach Psychologie u.a. kommunikations- und interaktionstheoretische Ansätze behandelt, im Fach Pädagogik neben anderen Inhalten auch spezielle erwachsenen- und berufspädagogische Fragestellungen und im Fach Soziologie Probleme der Sozialisation, der sozialen Einstellungen, der Arbeits- und Berufssoziologie sowie der Arbeitswissenschaften. Einen hohen Stellenwert haben auch Inhalte der Wissensgebiete Volkswirtschaftslehre und Betriebswirtschaftslehre einschließlich EDV sowie der Rechtswissenschaft.

Die Breite, mit der diese Gebiete behandelt werden, wird daran deutlich, daß von ca. 1300 Stunden des Hauptstudiums über 1000 ihnen gewidmet sind.

Die fachliche Qualität dieser Lehrveranstaltungen wird durch ausgewählte Dozenten aus dem allgemeinen Hochschulbereich sichergestellt. Häufig existiert

---

1) Th. Münz, Gehobener Dienst bei der BA, a.a.O., S. 61.

darüberhinaus spezielles, gut aufbereitetes Material zu den einzelnen Themenbereichen.

Daneben werden unmittelbar auf die spätere Beratungstätigkeit ausgerichtete Studienfächer, wie Berufskunde und Berufsberatung, vermittelt. Hierbei werden besonders praxisnahe Formen verwendet, z.B. Training durch Analyse von Videoaufzeichnungen eigener Beratungsübungen.

Die berufspraktischen Studienzeiten bestehen überwiegend aus Praktika in den einzelnen Ämtern und den Fachseminaren, die der Verknüpfung von Theorie und Praxis dienen. Sie sind zeitlich generell zwischen den einzelnen Phasen des Hauptstudiums angeordnet. Die einzelnen Abschnitte der Ausbildung dauern jeweils bis zu 3 1/2 Monaten.

Am Ende des Studiums legen die Beratungsanwärter die Abschlußprüfung ab, die aus 5 Klausuren sowie einer schriftlichen Abschlußarbeit und der mündlichen Prüfung besteht.

Charakteristisch für diese Ausbildung ist neben der konsequent durchgeführten Verzahnung zwischen Theorie und Praxis insbesondere der bereits beschriebene hohe Anteil von vermitteltem Wissen verschiedener, für die Beratungstätigkeit relevanter Disziplinen. Hierdurch wird in einem breiten Bereich ein Kenntnisniveau erreicht, das eigenständiges, kritisches Reflektieren des Stoffes zuläßt.

Parallel mit dieser Entwicklung und durch sie initiiert, steigt bei den angehenden Beratungskräften auch das Problembewußtsein und die Sensibilität gegenüber gesellschaftlichen Fragestellungen im allgemeinen sowie einer eigenständigen Vorstellung von der individuellen Rolle des Berufsberaters im besonderen.

Die vermittelten Einblicke in gesellschaftliche und organisatorische Zusammenhänge führen gleichzeitig auch zu einer Erhöhung des Anspruchsniveaus gegenüber der eigenen, später auszuübenden Tätigkeit und damit verbunden auch gegenüber den Rahmenbedingungen einer solchen Tätigkeit.
Die während der Ausbildung vermittelten Qualifikationen und Einstellungen erzeugen somit trotz aller individuellen Verschiedenheit eine Erwartungshaltung hinsichtlich einer Umsetzung dieser Vorstellung im Arbeitsalltag. Während des Studiums wird durch die systematische und gründliche Vermittlung von Kompetenz in den genannten Wissensgebieten sowie in der praktischen Ausübung des Berufes ein Maßstab geschaffen, an dem die späteren Arbeitsbedingungen gemessen werden.

6.2 Fortbildung zum Berufsberater

Neben dem beschriebenen Ausbildungsgang zum Berufsberater besteht für Mitarbeiter der BA die Möglichkeit, durch eine entsprechende Fortbildung Beratungsfunktion zu übernehmen.[1] Die diesbezüglichen Regelungen wurden Ende 1987 weiterentwickelt. Nach ihnen muß ein Teilnehmer mindestens 2 Jahre lang als Fachkraft in der BA tätig gewesen sein sowie für die Teilnahme an der Fortbildung als auch für die Tätigkeit eines Berufsberaters geeignet erscheinen.

---

1) Vgl. RdErl. 43/88.

Die aufgrund der intern erfolgenden Ausschreibungen eingehenden Bewerbungen werden geprüft und die Bewerber einem speziellen Auswahlverfahren unterzogen.
Kriterien für die Zulassung zur Fortbildung sind insbesondere die dienstlichen Beurteilungen, die Stellungnahme der Beschäftigungsdienststelle sowie das Ergebnis der schriftlichen Auswahlarbeit.[1)]
Die Fortbildung dauert ca. 6 Monate und besteht aus Seminaren, Arbeitsgemeinschaften und Praktika. Der theoretische Teil wird in Schulungsstätten der BA durchgeführt, der praktische generell in dem Arbeitsamt, in dem der Teilnehmer beschäftigt ist.

Inhalte dieser Fortbildung sind insbesondere die Gebiete:
- berufliche Beratung,
- Berufsorientierung,
- Berufskunde,
- Förderung,
- psychologische Grundlagen der Beratung sowie
- Ansätze zur Erklärung der Berufswahl.

Der zeitliche Rahmen wurde mit Rücksicht auf die bereits bei der BA absolvierte Ausbildung (z.B. als Verwaltungsinspektoranwärter) bewußt so knapp gewählt.

Neben schriftlichen Leistungsnachweisen und Seminarbeurteilungen findet am Ende des Abschlußseminars ein Kolloquium statt.
Nach der Fortbildung wird aufgrund der gezeigten Leistungen eine Entscheidung darüber getroffen, ob

---

1) RdErl. 43/88.

dieser Bildungsabschnitt mit bzw. ohne Erfolg durchgeführt wurde.
Durch diese Fortbildung zum Berufsberater soll mehr als die Hälfte des benötigten Ersatzbedarfes gewonnen werden.

Der grundlegende Unterschied dieses Bildungsganges zu der zuvor geschilderten Ausbildung besteht u.a. in der wesentlich geringeren Zeit des Einstellens auf die zukünftige Berufsrolle.
Während bei der Ausbildung der Beratungsanwärter die spezifische Beratungstätigkeit bereits ca. 15 Monate im voraus bekannt ist und damit auch individuelle Überlegungen hinsichtlich der Interpretation der neuen Berufssituation einsetzen, kann dies bei einer insgesamt nur 6 Monate dauernden Fortbildung kaum in diesem Maße der Fall sein.

Dieser Personenkreis, der sich weitgehend aus Mitarbeitern rekrutiert, in deren bisherigem beruflichen Werdegang eher die Erledigung schriftlicher Vorgänge dominierte, wird vermutlich ein weniger ausgeprägtes Anspruchsniveau, verbunden mit einer höheren Bereitschaft zur Akzeptanz tätigkeitsbezogener Restriktionen, aufweisen.

Der Prozeß der beruflichen Sozialisation ist bei diesem Teilnehmerkreis auch allein aufgrund der in der Organisation verbrachten Zeit weiter fortgeschritten. Von daher wird sich wahrscheinlich ein geringeres Maß an Divergenz zwischen Erwartungshaltung und Ausübungsbedingungen der Beratungstätigkeit ergeben.
Zweifellos bietet dieses Fortbildungskonzept für eine erhebliche Zahl von Mitarbeitern der BA die

Möglichkeit, eine der eigenen Neigung eher entgegenkommende Tätigkeit auszuüben.
Auf der anderen Seite stellt sich aber die Frage, ob im Rahmen einer so gestrafften Fortbildung und damit verbundenen beruflichen Umorientierung im Einzelfall ein Optimum an individueller Motivation und Eignung für die spezielle Beratungstätigkeit gegeben ist.

In der Vergangenheit bestand noch eine weitere Ausbildungsmöglichkeit zum Berufsberater. Sie setzte neben Berufserfahrung ein externes Fachhochschulstudium voraus und dauerte ein Jahr.
In absehbarer Zeit besteht jedoch kein Bedarf an Absolventen dieses Ausbildungsganges (von der BA als Fachanwärter bezeichnet).

6.3 Ausbildung im Bereich des höheren Dienstes

Die Vorbereitung der zukünftigen Berufsberater für Abiturienten und Hochschüler auf ihre spätere Tätigkeit unterscheidet sich wesentlich von den entsprechenden Wegen für die Berufsberater des gehobenen Dienstes.
Voraussetzung für die Einstellung als Nachwuchskraft des höheren Dienstes ist ein abgeschlossenes Studium an einer wissenschaftlichen Hochschule, wobei vor allem Absolventen der Bereiche
- Rechtswissenschaften,
- Wirtschaftswissenschaften,
- Sozialwissenschaften und
- Erziehungswissenschaften

bevorzugt werden.[1]

---

1) K. Blaume, Höherer Dienst bei der BA, Blätter zur Berufskunde, Band 3, 2. Aufl., Bielefeld 1985, S. 29.

Durch den Nachweis praktischer Berufserfahrungen werden die Einstellungschancen erhöht.

Die Eignung der Bewerber wird zunächst nach den vorliegenden Bewerbungsunterlagen und bei Kandidaten der engeren Wahl aufgrund von Vorstellungsgesprächen im jeweiligen Landesarbeitsamt und der Hauptstelle getroffen. Hierbei werden bisheriger Werdegang sowie persönlicher Eindruck in Beziehung zu den speziellen Berufsanforderungen gesetzt.
Die Vorbereitungsphase auf die spätere Berufstätigkeit, die von der BA als Einweisung bezeichnet wird, dauert ein Jahr. Diese Einweisung bezieht sich sowohl auf zukünftige Berufsberater für Abiturienten und Hochschüler als auch auf Nachwuchskräfte des allgemeinen höheren Dienstes.

Sie besteht aus einer für beide Personengruppen im wesentlichen gleich angelegten allgemeinen Phase und einer getrennt verlaufenden Spezialisierungsphase.

Die allgemeine Phase beginnt mit einigen Informationstagen im Landesarbeitsamt, nach denen ein ca. zweiwöchiger Einführungslehrgang in der Verwaltungsschule in Lauf beginnt. Anschließend folgt eine etwa ein Vierteljahr dauernde, gezielt in die Arbeit der einzelnen Abteilungen einführende Praxisphase in einem Arbeitsamt. Danach schließt sich ein einsemestriges Studium an der Hochschule für Verwaltungswissenschaften in Speyer an, wobei die Möglichkeit besteht, sich neben berufsspezifischem Fachwissen auch Kenntnisse aus anderen dort angebotenen Wissensgebieten zu erwerben.

In der Spezialisierungsphase findet nach einer fachlichen Einstimmung in der Abteilung Berufsberatung des Landesarbeitsamtes und einem zweiwöchigen Zwischenlehrgang eine weitere, etwa 11 Wochen dauernde Praxisphase in der Abteilung Berufsberatung eines Arbeitsamtes statt. Hier soll insbesondere eine schrittweise Einführung in die Berufstätigkeit erreicht werden.
Auch das Kennenlernen der Zentralstelle für Arbeitsvermittlung in Frankfurt ist innerhalb der Spezialisierungsphase für angehende Abiturientenberater vorgesehen.
Die Einweisung endet mit einem dreiwöchigen Abschlußlehrgang; eine Abschlußprüfung findet nicht statt.

Bei allen Lehrgängen stehen neben der Vermittlung von Wissen aus dem Bereich der Berufsberatung, entsprechenden methodischen Ansätzen sowie Möglichkeiten der Einübung der späteren Beratertätigkeit auch Fragen der Arbeitsmarktpolitik sowie aus anderen Aufgabenbereichen der BA im Vordergrund.[1)]

Diese Vorbereitungsphase auf die spätere Tätigkeit besteht grundsätzlich bei allen zu durchlaufenden Stationen aus zwei Komponenten.
Zum einen sollen spezifische Fachkenntnisse sowie beraterische Fertigkeiten erworben werden. Dazu gehört die Vermittlung von berufskundlichem Wissen, theoretischen Grundlagen und beraterischer Kompetenz. Darüberhinaus wird ein grundlegender Einblick in die anderen Aufgabengebiete der BA einschließlich ihrer gesetzlichen Grundlagen gegeben.

---

1) K. Blaume, Höherer Dienst bei der BA, a.a.O., S. 31 ff.

Dieser wird als wesentlicher Teil der Ausbildung angesehen, um auch bei einer vorgesehenen Verwendung als Berufsberater für Abiturienten und Hochschüler spätere andere Einsatzmöglichkeiten zu gestatten.

Zum anderen dient die Einweisung auch der Vermittlung von organisationsspezifischen Arbeitsweisen und Abläufen (z.B. des Personalbemessungssystemes). Auch Abteilungsleiter der Hauptstelle sowie Präsident und Vizepräsident(in) der BA referieren über BA-bezogene Themen und Aufgabengebiete und stellen sich der Diskussion.

Hieraus wird das Bemühen deutlich, neben Fachwissen auch eine organisationsspezifische Sozialisation zu erreichen.

In der Realität erweist sich die eher als Nebeneffekt gedachte Einbindung des zukünftigen Mitarbeiters in die Organisation als ein Faktor, der durchaus ambivalente Wirkungen entfalten kann.

Die um Integration bemühten Nachwuchskräfte werden diesen Tendenzen eher aufgeschlossen gegenüberstehen und sie u.U. als Angebot begreifen, organisationstypische Strukturen und Verhaltensweisen kennenzulernen und einüben zu können.
Auf der anderen Seite können gerade diejenigen Teilnehmer an der Einweisung sich durch die starke Betonung der vielfältigen formalen Aspekte, Vorgaben und Erwartungen irritiert fühlen, welche sich aus einer starken inneren Überzeugung für den Berufsberaterberuf entschieden haben.

Gerade ihre stark funktionsbezogene Motivation ist durch diese spezifischen Bedingungen gefährdet.
Durch die bei ihnen häufig vorhandene Verknüpfung von Identität und zukünftiger Berufsrolle können so bereits am Anfang des beruflichen Werdeganges konfliktäre Situationen entstehen: so erscheint das anvisierte Berufsziel, die eigenständige Ausübung dieser speziellen Beratungstätigkeit, gefährdet, da dies nur innerhalb einer Organisation und eines Umfeldes möglich ist, das aufgrund der gezeigten Selbstdarstellung erhebliche Restriktionen hinsichtlich der angestrebten Berufsrolle erwarten läßt.

Insgesamt legt die BA hohen Wert auf eine breit angelegte, in relevanten Punkten aber auch in die Tiefe gehende Ausbildung.
Dabei kommt einer Verzahnung von theoretischem Wissen mit Elementen der Arbeitspraxis besondere Bedeutung zu. Insofern wird generell die angestrebte Funktion der Ausbildung, auf die Ausübung einer entsprechenden Tätigkeit in dieser Organisation vorzubereiten, erfüllt.

Daneben zeigen sich jedoch auch durch die Ausbildung bedingte Sekundäreffekte, die teilweise nicht intendierte, dysfunktionale Wirkungen hervorrufen.

So besteht insbesondere während der dreijährigen Ausbildungszeit der Beratungsanwärter die Möglichkeit, daß eine Vorstellung von der späteren Berufsfunktion geschaffen wird, die nicht hinreichend vereinbar ist mit den im Arbeitsalltag anzutreffenden Bedingungen. In solchen Fällen kann die Ausbildung auch zur Schaffung eines spezifischen

Beraterbewußtseins führen, das hinsichtlich der erwarteten Autonomie in der Praxis nicht realisiert werden kann.
Ein weiterer Nebeneffekt ist die bewußt bzw. unbewußt erfolgende Sozialisation.
Dieses ist grundsätzlich keineswegs negativ zu werten, da diese spezifische Art der Einstimmung auf die Wertestruktur einer Organisation durchaus positive motivationale Wirkungen auslösen kann.
Ungünstige Effekte ergeben sich im Rahmen der hier beschriebenen Ausbildungen durch einen von diesen Sozialisationsbestrebungen ausgelösten Polarisierungsprozeß, welcher auch eine bewußte Distanzierung vom Arbeitgeber fördern kann.
Dieses hängt weitgehend mit dem erheblichen Anteil formaler und formalisierter Inhalte zusammen. Die bewußte Betonung dieser Ebene und der hohe Stellenwert, der ihr beigemessen wird, erschwert gleichzeitig die Nachvollziehbarkeit und Akzeptanz vieler organisationsspezifischer Vorgaben. Gleichzeitig fördert sie die Sensibilität für informelle Phänomene und läßt so die Ambivalenz der Interaktionsstruktur deutliche werden. Irritierende Effekte ergeben sich vor allem dann, wenn während der Ausbildung Erfahrungen gemacht werden, die formalen Abläufen die Legitimationsgrundlage entziehen.

Während der Ausbildung entsteht leicht ein Spannungsverhältnis zwischen dem gebotenen Maß an Anpassung gegenüber denjenigen, welche die Erwartungshaltungen der Organisation repräsentieren und gleichzeitig über Sanktionsmittel verfügen, und der im Kollegenkreis teilweise scharf geübten Kritik an empfundenen Unzulänglichkeiten. Dieses wurde aus verschiedenen entsprechenden Gesprächen mit sich in der

Einweisung befindenden Abiturientenberater(n)/innen sehr deutlich.

Bei allen beschriebenen Bildungsgängen zum Berufsberater wird dem motivationalen Element zu wenig Bedeutung beigemessen. Da dieser Effekt nicht mit impliziert ist und es keine direkte Abstimmung der Ausbildungsinhalte darauf gibt, kann die Entwicklung von Diskrepanzen zwischen individuellen Berufszielen und den organisatorischen Rahmenbedingungen so noch gefördert werden.

6.4 Weiterbildung der Berufsberater

Die offiziellen Weiterbildungsveranstaltungen für Berufsberater sind, wie auch die jeweiligen Aus- und Fortbildungen, weitgehend formal vorgeplant. Daneben bietet der Deutsche Verband für Berufsberatung schwerpunktmäßig Möglichkeiten der Fortbildung und der beruflichen Reflexion.

Bei den offiziellen Weiterbildungsseminaren kann unterschieden werden zwischen den Schulungen, bei denen es um den Erwerb von berufsbezogenen Kenntnissen und Kompetenzen geht, und denjenigen, die der Vermittlung spezieller arbeitstechnischer Qualifikationen dienen.

Zu den Veranstaltungen des ersten Bereiches gehören Maßnahmen, die insbesondere Themen wie
- Berufsorientierung,
- Gruppenberatung oder
- Berufskunde

behandeln.

Darüber hinaus existieren noch spezielle Fort- bzw. Weiterbildungsprogramme, mit deren Hilfe Berater auf die Arbeit im Bereich der Behindertenberatung vorbereitet werden oder sich dort weiterbilden können.
Der zweite Bereich wird z.Z. repräsentiert von Schulungen im Umgang mit einem DV-System im Bereich der Ausbildungstellenvermittlung.

Bei den Berufsberatern besteht grundsätzlich ein starker Bedarf an Veranstaltungen, die Wissen und Hintergrundinformationen vor allem über sich rasch entwickelnde Berufsbereiche (wie z.B. die Biotechnologie oder die Datenverarbeitung) vermitteln.
Vor allem, wenn sich hier Gelegenheiten für längere Gespräche mit Experten bzw. entsprechende Besichtigungsmöglichkeiten ergeben, werden diese Angebote gern genutzt.
Bedarf besteht auch nach den eher kompetenzorientierten Fortbildungen, wie beispielsweise zum Thema Gruppenberatung.

Die Beurteilung von Weiterbildungsmaßnahmen solcher Art ist dennoch in hohem Maße abhängig von den jeweiligen Vortragenden und der Organisation der Veranstaltung.

In einer Befragung von Berufsberatern aus dem Jahre 1984 [1] u.a. nach den Möglichkeiten zur beruflichen Weiterbildung, die sie sehen, um mit den sich verändernden Berufs- und insofern auch Beratungsbe-

---

1) F. Haeberlin, Berufsberatung aus der Sicht von Wissenschaft und Forschung. Erster Bericht der wissenschaftlichen Begleitung zum Erprobungsprojekt Praxisberatung, in: Informationen für die Beratungs- und Vermittlungsdienste der BA, Nr. 33 vom Aug. 1986, S. 1004.

dingungen Schritt halten zu können, nennen die Befragten insbesondere:

	n	%
- Lehrgänge der BA u. des Beraterverbandes	52	26.5
- Selbststudium, Eigeninitiative	47	24,0
- keine o. zu wenig Möglichkeiten	38	19,4
- Betriebsbesuche, Informationsveranstaltungen	24	12,2

Dieses Ergebnis macht deutlich, daß nach Einschätzung der Berufsberater den angebotenen Lehrgängen kaum höhere Bedeutung beigemessen wird als dem Selbststudium. Organisierte Formen der Weiterbildung werden somit kaum effektiver eingeschätzt als individuelle Formen.
Die gut 19% der Befragten, die keine oder zu wenig Weiterbildungsmöglichkeiten beklagten, sind ein deutlicher Indikator für die Beurteilung des entsprechenden Angebotes.
Die präzise Frage danach, in welchem Maße die Weiterbildungsmöglichkeiten als ausreichend eingeschätzt werden, ergab folgendes Bild:

	n	%
- voll ausreichend	4	2,0
- ziemlich ausreichend	18	9,2
- etwas ausreichend	26	13,3
- kaum ausreichend	71	36,2
- nicht ausreichend	62	31,6
- keine Antwort	15	7,7 [1]

1) F. Haeberlin, Berufsberatung aus der Sicht von Wissenschaft und Forschung. Erster Bericht der wissenschaftlichen Begleitung zum Erprobungsprojekt Praxisberatung, a.a.O., S. 1004.

Das Ergebnis ist eindeutig: mehr als zwei Drittel der Befragten empfinden die vorhandenen Möglichkeiten als nicht bzw. kaum ausreichend. Nur ein Viertel hält sie dagegen für zumindest etwas ausreichend.
Hier bekunden die Befragten ganz deutlich die Defizite in dem ihnen zur Verfügung stehenden Weiterbildungsangebot.
Dieses könnte grundsätzlich zwei Ursachen haben:
zum einen nicht ausreichende objektive Gegebenheiten hinsichtlich der Qualität und Quantität der Möglichkeiten, und zum anderen eine spezifische Erwartungshaltung der Berater in diesem Bereich.

Auch wenn an dieser Stelle eine klare Aussage zugunsten eines Ursachenbereiches nicht möglich ist, so weist der Befund doch auf auch in anderen Bereichen anzutreffende Divergenzen zwischen Berufsanspruch der Berater und Organisationswirklichkeit hin. Es wird hier gleichzeitig das hohe Maß an Verantwortung und Ernsthaftigkeit deutlich, mit dem Berufsberater in der Regel ihrer Aufgabe gegenüberstehen.
Das Bewußtsein um die Schwierigkeiten einer wirklich hilfreichen Raterteilung weckt individuellen Bedarf nach instrumentellen Hilfen im Bereich von Fakten- und Verhaltenskompetenz.
Diesem gegenüber steht eine überwiegend zentrale, in der Hauptstelle der BA vorgenommene Planung der dort für erforderlich gehaltenen Veranstaltungen. Die hierbei angewandten Maßstäbe entsprechen häufig nicht denen der Berater. Von ihnen insoweit empfundene Defizite lassen sich individuell kaum ausreichend kompensieren.

7. Arbeitssituation der Berufsberater

7.1 Die oft hohen Erwartungen der Ratsuchenden

Die Arbeitssituation der Berufsberater ist im wesentlichen determiniert durch die Erwartungshaltung der Ratsuchenden sowie das organisatorische Umfeld.

Das Anspruchsniveau erhöht sich permanent; die Ratsuchenden, die häufig älter, schulisch besser qualifiziert und informierter sind als früher, werden zunehmend kritischer. Sie erwarten vom Berufsberater ein persönliches Eingehen auf ihr Anliegen sowie das Aufzeigen einer langfristigen, realistischen Perspektive.

Verstärkte Beratung und Hilfe benötigen u.a.:

- Abiturienten vor der Entscheidung für Ausbildung und Studium,
- Mädchen und Frauen angesichts der für sie ungünstigen Arbeitsmarktlage,
- junge Ausländer aufgrund der häufigen Benachteiligung bei der Stellensuche,
- Behinderte bei deren besonderen Einstellungsproblemen in Ausbildung und Beruf,
- junge Erwachsene bei einer beruflichen Um- und Neuorientierung,
- Ausbildungs- und Studienabbrecher angesichts des für sie hohen Problemdruckes.[1]

---

1) H. Merlet, Bleibt die Qualität auf der Strecke? Berufsberatung nach der Einführung von Datenverarbeitung, in: Gewerkschaftliche Bildungspolitik, Heft 4 (1988), S. 128.

Das Spektrum der Ansprüche, die Ratsuchende an Berufsberater stellen, ist ein Spiegelbild der häufig unscharfen Vorstellungen von dessen Berufsrolle.
Die Ratsuchenden sind in vielen Fällen nicht in der Lage, für sie relevante Berufsbereiche zu benennen, die dann näher analysiert werden könnten. Hierfür ist zum großen Teil die Unkenntnis der Arbeitswelt und Arbeitswirklichkeit verantwortlich; eine wesentliche Ursache ist aber auch das ungenügende Wissen über die Talente, Fertigkeiten und Fähigkeiten. Vor diesem Hintergrund fällt dann das eigenständige Lokalisieren bevorzugter Berufsfelder schwer.
Das Ausgangsproblem, mit dem Berufsberater nicht selten konfrontiert werden, hat insofern mehrere Dimensionen.

Insgesamt ist angesichts der gegenüber vergangenen Jahrzehnten explosionsartig gestiegenen Komplexität der gesellschaftlichen Umwelt ein starker, häufig aber eher diffus empfundener Orientierungsbedarf vorhanden.
Dieser resultiert aus der Tatsache, daß es kein problemloses Realisieren einer insgesamt befriedigenden Berufsposition und der damit zusammenhängenden Lebensperspektive mehr gibt. Gleichzeitig hat sich die Zahl der denkbaren verschiedenartigen Ausbildungswege und Kombinationsmöglichkeiten vervielfacht, ihre Planbarkeit und Berechenbarkeit dagegen angesichts technischer und gesellschaftlicher Entwicklungen sowie der stark gesunkenen Bedeutung von Merkmalen sozialer Positionen erheblich abgenommen.[1)]

---

1) Vgl. H. Faulstich-Wieland, "Die nehmen einem alle Illusionen", Zum Verhältnis von Jugendlichen und Beratungssituationen, in: Mitteilungen aus der Arbeitsmarkt- und Berufsforschung, Heft 2 (1985), S. 226.

Das Bedürfnis nach einer Lebenskonzeption, nach Sinnhaftigkeit zukünftiger Tätigkeit bezieht sich weitgehend auf den Bereich der Arbeits- und Berufswelt. Zur Erschließung dieses Möglichkeitsraumes wird u.a. die Berufsberatung in Anspruch genommen.
Die geschilderten individuellen Problemlagen lassen jedoch in vielen Fällen eine optimale Lösung nicht zu, sei es aufgrund individueller Defizite oder äußerer Bedingtheiten im Ausbildungs- oder Arbeitsbereich. Dennoch werden mit dem Beratungsgespräch immer wieder Hoffnungen auf Abbau des Problemdrucks verbunden.

Auf der anderen Seite sind die zur Verfügung stehenden Lösungskapazitäten des Beraters sehr begrenzt.
So ist die zur Verfügung stehende Zeit je Gespräch auf höchstens eine Stunde begrenzt,[1] sind die Informationen über den Ratsuchenden häufig unvollständig und die anzubietenden Realisierungsmöglichkeiten abhängig vom Ausbildungsstellen- und Arbeitsmarkt.

Aus dieser Situation heraus resultieren Fragen nach der möglichen Effektivität von Berufsberatung.
Beratung soll, so der Tenor der einschlägigen Definitionen, sowohl Orientierung über bestehende Angebote und Möglichkeiten bieten, als auch zur emotionalen und sozialen Stabilisierung von Jugendlichen beitragen und im Zusammenhang mit diesen beiden Teilaufgaben Hilfe zur Selbstfindung und

---

1) Vgl. E. Kronenwett-Löhrlein, Aktuelle Probleme in der Berufsberatung für Abiturienten und Hochschüler, in: arbeit und beruf, Fachzeitschrift für die Aufgaben der Bundesanstalt für Arbeit, Heft 2 (1984), S. 42.

Selbstverwirklichung leisten.[1] Das Bereitstellen von Rahmenbedingungen zur selbständigen, bewußten und abgewogenen Berufswahl, die Hilfe zur Klärung und Optimierung der eigenen Situation verbunden mit jeweils spezifischen konkreten Angeboten hinsichtlich der Lösungsmöglichkeiten, ist in der berufsberaterischen Realität eine Zielperspektive, die leider in vielen Fällen nicht erreicht werden kann.

Bei der Suche nach Ursachen tritt neben der individuellen und gesellschaftlichen Problematik auch der Aspekt der organisatorischen Bedingungen auf.[2]

Die gegebenen Arbeitsbedingungen sind jedoch weitgehend fixiert und Teil des institutionellen Rahmens, innerhalb dessen Berufsberatung in der Bundesrepublik Deutschland möglich ist.

7.2 Die begrenzten Gestaltungsmöglichkeiten der eigenen Arbeit

Neben den geschilderten "externen" Belastungsfaktoren der Berufsberater sind die "internen", durch die Beschäftigungssituation hervorgerufenen, von erheblicher Bedeutung.

Diese ergeben sich vor allem aus der Summe an Vorgaben, durch die der Handlungsspielraum des einzelnen Beraters eingeengt wird.

Hierbei kommt dem Bereich des Vorgesetztenverhaltens eine herausragende Bedeutung zu.

---

1) W. Hornstein, Jugendberatung, in: W. Hornstein u.a., Beratung in der Erziehung, Bd. 2, Frankfurt/M. 1977, S. 531.

2) Vgl. H. Faulstich-Wieland, "Die nehmen einem alle Illusionen", a.a.O., S. 229.

Daneben beeinflußt das existierende Weisungs- und Regelungsgeflecht maßgeblich die Gestaltungsmöglichkeiten beraterischer Arbeit.1)
Es existiert beispielsweise ein Erlaß, in dem sehr genaue Vorgaben hinsichtlich Arbeitsplanung und Aufgabendurchführung gemacht werden.2) In ihm wird zunächst die Gleichrangigkeit der Aufgabenbereiche: Berufsorientierung, berufliche Beratung, Ausbildungsstellenvermittlung sowie der Eigeninformation und Fortbildung festgelegt. Auch für die Durchführung der Aufgaben in den jeweiligen Bereichen existieren neben dem gesetzlichen Auftrag präzise Vorgaben in Form von fachlichen Weisungen. Jedoch sind nicht nur die Inhalte vorstrukturiert, sondern es ist auch in dem schon erwähnten Erlaß präzise die zeitliche Gewichtung der verschiedenen Aktivitäten im Laufe eines Jahres festgelegt. Z.B. beträgt der Anteil der Berufsorientierung 15 % - 20 % der gesamten Arbeitskapazität. Eine individuelle oder situative Schwerpunktsetzung bei bestimmten Bereichen ist auch in Fällen von Kapazitätsengpässen nicht möglich. Treten diese auf, ist der Umfang der einzelnen Aufgabenbereiche grundsätzlich zu gleichen Teilen zu reduzieren. Auch hier ist jedoch die Grenze einer solchen Reduzierung in Form von Mindestnormen vorgegeben. So darf die Terminierungszeit für ein Beratungsgespräch einschließlich der zu fertigenden Niederschrift 45 Minuten nicht unterschreiten.

---

1) Z.B. die Richtlinien für die Berufsberatung des Vorstandes für Arbeitsvermittlung und Arbeitslosenversicherung von 14. März 1968, in: Amtliche Nachrichten der Bundesanstalt für Arbeit, 1969, Heft 2, S. 87-100 und die Vorläufigen Fachlichen Anweisungen zur Durchführung der Berufsberatung bei den Arbeitsämtern, in: RdErl. 43/69.
2) RdErl. 128/75.

Der Grad der Regelungsintensität beraterischen Verhaltens läßt sich daraus ablesen, daß auch Vorgaben für diejenige Zeit gemacht werden, die sich bei unvorhergesehenem Ausfall eines geplanten Gespräches ergibt.[1] Diese Zeit ist dann für dringende Beratungs- und Auskunftsfälle , die Beantwortung schriftlicher Fragen, die Auswertung psychologischer bzw. ärztlicher Begutachtungsergebnisse o.ä. zu nutzen.[2]

Aufgrund der zentralen Vorgaben erstellen die Landesarbeitsämter einen Rahmenplan, der dann die Leitlinie der detaillierten Arbeitspläne der einzelnen Ämter bildet. Die Berater haben unter Beachtung dieses Planungsrahmens eigene Zeitpläne zur Durchführung der Aufgaben ihres Arbeitsbereiches zu erstellen.[3]

Diese Situation macht die Eindimensionalität aller kapazitätsbezogenen Berechnungen in der Beschränkung auf quantitative Elemente deutlich.
Vor diesem Hintergrund ist auch die Vorschrift einer gleichmäßigen Reduzierung der Aufgabendurchführung bei nicht ausreichender Personalkapazität zu betrachten. Der Einfluß von motivationalen Faktoren auf die Arbeitsleistung wird bei Erwägungen dieser Art ausgeblendet, selbst wenn sich durch ein kapazitätsoptimierendes Planungssystem hier negative Effekte ergeben.

Andere Beispiele für die Einengung der Handlungsspielräume der Berufsberater sind die Vorschriften über die Anfertigung einer

---

1) G. Büschges, Einführung in die Organisationssoziologie, a.a.O., S. 149.
2) RdErl. 128/75.
3) H. Meisel, Die deutsche Berufsberatung, a.a.O., S. 155 f.

Beratungsniederschrift[1] oder die besondere Bedeutung der Statistik.
Diese erfüllt neben der Funktion einer Information der Öffentlichkeit über quantitative Fakten und Ergebnisse der Arbeit der Berufsberatung auch in erheblichem Umfang interne Aufgaben. Die Ergebnisse einer quantitativen Inanspruchnahme sind u.a. Grundlage für die Personalbemessung. Außerdem dienen Daten über bestimmte, von der Berufsberatung erbrachte Leistungen, wie z.B. schriftliche Auskünfte, der Vergleichbarkeit der einzelnen Ämter. Die Fülle des erhobenen Materials, ihre Aufbereitung und Zusammenstellung, ihre Auswertung und die sich u.U. daraus ergebenden Reaktionen sind auch der Ausdruck des Bedürfnisses nach Übersicht, Nachprüfbarkeit und Kontrolle auch des beraterischen Geschehens.
Das intensive Erheben von Daten ist zwar für eine Institution wie die BA zur Darstellung ihrer Aufgabenerledigung gegenüber der Öffentlichkeit wie zur Begründung angeforderter Stellen und Mittel unerläßlich, dennoch bleiben die weiterhin damit verfolgten Ziele nicht ohne Einfluß auf Einstellungen und Empfindungen der Berater.

Sie sehen sich durch diesen Erhebungsmechanismus tendenziell in einem Legitimationsdruck gegenüber der Beschäftigungsorganisation, was zur Folge hat, daß Überlegungen angestellt werden, durchgeführte oder geplante Aktivitäten auch unter Aspekten einer optimalen statistischen Verwertbarkeit zu betrachten; eine praktizierte Form von Mikropolitik, die einen Ausgleich zwischen vorgegebenem Anspruch und eigenständiger Arbeitsplanung anstrebt.

---

1) RdErl. 5/86.

Insgesamt resultiert aus der vorhandenen Regeldichte auch ein höheres Kontrollniveau.[1] Aufgrund der hohen Sensibilität gegenüber Vorgaben und Eingriffen in beraterische Arbeit wird so ein permanentes Spannungsverhältnis aufgebaut.
Dieses ergibt sich aus dem Erwartungsdruck der Organisation und dem beraterischen Selbstverständnis.
Die Erfüllung aller formalen Anforderungen setzt nicht nur bestimmte Handlungsweisen voraus, sondern führt darüberhinaus tendenziell auch zu einer spezifischen Prägung. Solche Verhaltensmuster erweisen sich zwar im Rahmen einer eigenen Karriereplanung als förderlich, behindern aber u.U. die Verwirklichung eines Beraterselbstverständnisses, das sich an der Rolle des eigenständigen Helfers und Problemlösers orientiert.[2] Berufsberater haben zwar, auch abhängig vom jeweiligen Führungsverständnis der Vorgesetzten, einen nicht unerheblichen Spielraum in der Reaktion auf die formalen Vorgaben, doch dieser kann nicht konsequenzlos extensiv genutzt werden.

Der Versuch einer Stukturierung der Beratungsinteraktion nach Organisationsgesichtspunkten kann sich sowohl der individuellen Problemkonstellation gegenüber als inadäquat erweisen [3] als auch eine Konkurrenzsituation zu dem Bemühen der Berufsberater um identitätsbezogenes berufliches Handeln mit den daraus resultierenden intrapersonellen Belastungen erzeugen.

---

1) Vgl. E. Kronenwett-Löhrlein, Aktuelle Probleme in der Berufsberatung für Abiturienten und Hochschüler, in: arbeit und beruf, a.a.O., S. 43.
2) Vgl. G. Büschges, Einführung in die Organisationssoziologie, a.a.O., S. 151 f.
3) Vgl. E. Lange, Zur Konstruktion sozialwissenschaftlicher Beratungsberufe, in: R. Mackensen/F. Sagebiel (Hrsg.), Soziologische Analysen, Berlin 1979, S. 629.

Das Reglementierungen dieser Art dennoch praktiziert werden, ist aus einer speziellen organisationsspezifischen Interpretation des AFG heraus zu erklären. Auch dort, wo Vorschriften als Zweckprogramm formuliert sind [1], werden diese häufig in Runderlassen präzisierte Ausführungsbestimmungen weitgehend in eine Konditionalstruktur überführt [2], was aus dem Interesse einer komplexen, zentralistisch strukturierten Verwaltungsorganisation an Steuerbarkeit und Kontrollierbarkeit der Ausführungsebenen und damit an genereller Legitimation und Bestandsgarantie zu erklären ist.

7.3 Das Angebot des Arbeitgebers: Praxisberatung

Aufgrund der spezifischen Belastungssituation der Berufsberater entstehen Überlegungen und Ansätze zur Aufarbeitung und Milderung dieser Situation.

So besuchen Berater Workshops, die sich gezielt dem Thema "Streßbewältigung" widmen.
Auch von dem psychologischen Dienst der BA gibt es Anmerkungen und Empfehlungen zu diesem Bereich. Es werden dort die besonderen psychischen Anforderungen an die Person des Berufsausübenden erkannt, die sich insbesondere aus dem Doppelcharakter beraterischer Rollenansprüche ergeben.[3]

---

1) Z.B. die §§ 26 u. 27 des AFG.
2) Vgl. C. Gabriell, Beratung und Beratungsorganisation, in: E. Lange/G. Büschges (Hrsg.), Aspekte der Berufswahl in der modernen Gesellschaft, Frankfurt/M. 1975, S. 287.
3) So zusammengefaßt in einer internen Niederschrift einer Dienstbesprechung für die Leiter der Abteilung Berufsberatung in Arbeitsämtern im Oktober 1987.

Weiterhin werden Möglichkeiten zur Aufrechterhaltung der Motivation genannt sowie Anregungen zur Implementierung von organisatorischen Rahmenbedingungen gegeben, innerhalb deren Berater sich über ihre Arbeitssituation sowie ablauf- und arbeitsorganisatorische Aspekte austauschen können.[1]

Die problematische Situation, der Berufsberater im Alltag gegenüberstehen sowie ihre tendenzielle Überlastung durch die Rahmenbedingungen ihrer Arbeit wurde auch vom Arbeitgeber registriert.
Hier war es vor allem ein Aspekt, der zu einer Sensibilisierung führte: der Anspruch an das Qualitätsniveau der Beratung. Dieser Punkt wurde und wird in der Öffentlichkeit durchaus nicht unkritisch diskutiert und führte zu Überlegungen hinsichtlich von Verbesserungsmöglichkeiten in diesem Bereich.

Im Gegensatz zu Maßnahmen, die das Beratungsgeschehen flankieren und effektiver gestalten sollen, wie die vermehrte Schaffung von Berufsinformationszentren oder die Einführung EDV-gestützter Ausbildungsstellenvermittlung, kann eine Verbesserung von Beratungsqualität im engeren Sinne nicht durch die Schaffung bestimmter Instrumentarien erreicht werden.

Bei der Analyse von wissenschaftlichen Untersuchungen zum Bereich der Beratereffizienz ergibt sich u.a. ein ohne weiteres plausibler, positiver Zusammenhang zwischen Berufszufriedenheit und Beratereffizienz.[2]

---

1) Vgl. M. Esser, Immer gut beraten?, in: arbeit und beruf, Fachzeitschrift für die Aufgaben der BA, Heft 10 (1985), S. 302.
2) Ebenda.

In diesem Zusammenhang wird von Esser der Schluß gezogen, die Fähigkeit des Vorgesetzten, ein ausgewogenes und konstruktives Gruppenklima in seinem Bereich herzustellen, habe entscheidenden Einfluß auf Motivation und Zufriedenheit der Mitarbeiter.[1] Außerdem wird hierfür eine kontinuierliche Reflexion des beruflichen Handelns als notwendig erachtet.[2]

So ergab sich die Notwendigkeit, die Supervision, die in nahezu allen beraterischen und therapeutischen Berufen ein fester Bestandteil einer professionellen Berufsausübung geworden ist, auf ihre Übertragbarkeit für die Berufsberatung hin zu untersuchen. U.a. aufgrund der spezifischen Aufgaben und Rahmenbedingungen entschied sich die BA für ein internes Konzept, das mit "Praxisberatung" bezeichnet wird und sich deutlich von der beispielsweise in der Sozialarbeit üblichen Supervision als pädagogisch beratende Anleitung und Hilfe beim Umgang mit Ratsuchenden [3] unterscheidet.

Oberstes Ziel der Praxisberatung ist die Vertiefung der Handlungskompetenz durch systematische und kontinuierliche Reflexion des beruflichen Handelns. Dabei soll insbesondere in fachlicher Hinsicht eine

---

1) Ebenda.
2) M. Esser, Praxisberatung in der Erprobung, in: Informationen für die Beratungs- und Vermittlungsdienste der BA, Nr. 44 vom 31. Oktober 1984, S. 1557.
3) C. Wieringa, Supervision in ihren unterschiedlichen Entwicklungsphasen, in: Akademie für Jugendfragen, Münster (Hrsg.), Supervision im Spannungsfeld zwischen Person und Institution, Freiburg im Breisgau 1979, S. 10 f.

bewußtere Durchführung des Dienstleistungsangebotes der Berufsberatung, in motivationaler Hinsicht die Verbesserung der Berufszufriedenheit nicht nur durch Reflexion der eigenen Schwierigkeiten, sondern auch durch gegenseitigen Austausch im Kollegenkreis und in institutioneller Hinsicht die Zusammenarbeit in der Abteilung gefördert werden.[1]
Dabei könne beispielsweise auch die Einbindung des einzelnen in eine Hierarchie thematisiert werden.

Zum Verfahren der Praxisberatung sind detaillierte Empfehlungen ergangen. So sollte die Zahl der Teilnehmer 7, keinesfalls mehr als 10 betragen. Weiterhin sind monatliche Sitzungen von je 2 - 3 Stunden vorgesehen.
Auch zum Ablauf von Praxisberatung bestehen recht genaue Vorstellungen.
Ausgangspunkt könnte die Auswahl eines geeigneten Falles sein, welcher dann durch die jeweilige Fachkraft vorgestellt und anschließend von der Gruppe gemeinsam aufgearbeitet und auf wesentliche und typische Elemente verdichtet wird, die dann Anlaß für eine individuelle Reflexion sein sollten.
Als besondere Anforderungen an die Teilnehmer werden Partizipation, Beratungswilligkeit und Akzeptanz genannt.[2]

Zur Optimierung und Steuerung der Gruppenprozesse ist eine Moderation vorgesehen, die entweder von einer Führungskraft oder von einer Fachkraft wahrgenommen werden kann.

---

1) Vgl. M. Esser, Praxisberatung in der Erprobung, a.a.O., S. 1557 f.
2) Vgl. M. Esser, Praxisberatung in der Erprobung, a.a.O., S. 1558.

Diese BA-spezifische Form einer Supervision wurde zunächst als ein Modellversuch konzipiert, der 1985 und 1986 in den Berufsberatungen von 11 Arbeitsämtern erprobt worden ist, und zwar mit verschiedenen Personenkreisen als Moderatoren.
Aus einer bewußt gewählten Formenvielfalt sowie durch eine wissenschaftliche Begleitung dieses Erprobungsprojektes sollten Fragen der Anwendbarkeit und Bewährung geklärt werden.

Erste Antworten zum Ertrag von Praxisberatung sind einer im Rahmen der wissenschaftlichen Begleitung durchgeführten Zwischenbefragung im Frühjahr 1986 zu entnehmen.
Dabei wird deutlich, daß je nach individueller Perspektive das bisherige Ergebnis recht unterschiedlich bewertet wird. Etwa zwei Drittel der Befragten geben an, daß ihnen die Teilnahme für die Reflexion des eigenen Verhaltens sowie in bezug auf eine Neudefinition ihrer Rolle im Beratungsprozeß etwas gebracht hat.
Ein anderes Bild ergab sich aber bei den Antworten auf Fragen nach dem Ertrag von Praxisberatung für das Aushalten und Bewältigen belastender Situationen.
Zwei Drittel erklären, in dieser Beziehung habe ihnen diese Art der Supervision nur wenig bzw. gar nicht geholfen.
Mehr als die Hälfte aller Befragten meint weiterhin, daß aus der Praxisberatung für das eigene berufliche

Engagement, die Motivation und Gestaltungsfreude wenig bis nichts herauskomme.[1]

Das Resümee zur Praxisberatung fällt insgesamt dennoch fraglos positiv aus. Insbesondere die Moderatorenfrage löste aber auch nach Abschluß der Projektphase noch Diskussionen aus. In einer entsprechenden Befragung weisen ein Viertel der Beteiligten auf die Problematik hin, die in der Doppelrolle Führungskraft - Moderator liegt und 20 % halten eine andere Moderationsform für geeigneter.[2]
Das sich aus der Moderationsfunktion von Führungskräften ergebende Konfliktpotential wird allerdings unterschiedlich interpretiert.
Während Esser darauf hinweist, daß Fachaufsicht und Praxisberatung sich gegenseitig ausschließen und hier für die Vorgesetzten die Möglichkeit von Rollenkonflikten besteht [3], sieht Haeberlin in der Skepsis gegenüber Führungskräften in der Rolle des Moderators einen prinzipiellen Vorbehalt gegenüber den institutionellen Rahmenbedingungen im Berufsalltag der Berater.[4]

---

1) F. Haeberlin, Kurzbericht über die Befragung von Teilnehmern am Erprobungsprojekt Praxisberatung im ersten Quartal 1986, Oktober 1986, in: Informationen für die Beratungs- und Vermittlungsdienste der BA, Doku-Ausgabe 24/86 zu ibv Nr. 51 vom 17. Dezember 1986, S. 6490 f.
2) F. Haeberlin, Wissenschaftliche Begleitung des Erprobungsprojekts Praxisberatung. Zusammenfassung der Befunde und Ergebnisse, in: Informationen für die Beratungs- und Vermittlungsdienste der BA, Doku-Ausgabe 15/87 vom 2. September 1987, S. 7300.
3) M. Esser, Praxisberatung in der Erprobung, a.a.O., S. 1559.
4) F. Haeberlin, Wissenschaftliche Begleitung des Erprobungsprojekts Praxisberatung. Zusammenfassung der Befunde und Ergebnisse, a.a.O., S. 7300.

Das Positive der Praxisberatung liegt in der Schaffung eines hierarchiefreien Gesprächsforums, in welchem Praxisfragen und -probleme nicht nur fachlich-inhaltlich behandelt werden, sondern auch in einem positiven sozio-emotionalen Klima. Dadurch überwiegt eindeutig der positive Ertrag bei den Teilnehmern.

Praxisberatung ist allerdings auch deutlich an Grenzen gestoßen und konnte in vielen, die Berater belastenden Punkten keine Verbesserungen erzielen.
In einer 1984 durchgeführten Befragung, mit der vor Beginn des Projekts Praxisberatung Einstellungen und Meinungen zur Arbeitssituation ermittelt werden sollten, äußern sich die Berater durchaus negativ über die Rahmenbedingungen ihrer Arbeit. Vom Personalmangel abgesehen entsteht Frustration im beruflichen Alltag nach Ansicht von über 15 % der Berater in erster Linie durch das Vorgesetztenverhalten und das Betriebsklima. Die Mehrheit der Befragten setzt das Vorgesetztenverhalten gleich hinter der die meistens noch stärker belastenden Situation auf dem Ausbildungsstellensektor auf den zweiten Platz.[1]

---

1) Vgl. F. Haeberlin , Berufsberatung aus der Sicht von Wissenschaft und Forschung, a.a.O., S. 1003.

Dieses weit verbreitete Unbehagen mit dem institutionellen Rahmen: Führungsstil, Organisationsstruktur und Betriebsklima konnte durch Praxisberatung nicht verändert werden.[1]
Änderungen in diesem Bereich standen bei der Konzeption dieses Projekts auch niemals zur Debatte. Der Charakter dieses Arbeitgeberangebotes liegt eindeutig im kompensatorischen Bereich. Wie die zitierte, 1984 durchgeführte Befragung [2] zeigt, kann so den Belastungsfaktoren nur sehr unvollkommen entgegengewirkt werden.
Trotz der Möglichkeit eines tätigkeitsbezogenen Erfahrungs- und Gedankenaustausches und der dadurch vermittelten Entlastungen im fachlichen und emotionalen Bereich bleiben die wesentlichen Frustrationsquellen bestehen. Durch vom Arbeitgeber gewährten Freiraum für Diskussionen auch über diesen Bereich können auch Empfindungen von Machtlosigkeit ausgelöst werden.

Die positive Wirkung der Praxisberatung ist auch durch die gegenüber anderen Formen von Supervision enge Anbindung an interne Strukturen der BA begrenzt. So ist sie dem Verantwortungsbereich der Führungskräfte zugeordnet, die die Berater zur Teilnahme motivieren und die fachlichen Auswirkungen dieses Projekts beobachten sollen. Außerdem sind die Moderatoren den Führungskräften für eine im Rahmen der Vorgaben liegende Durchführung des Verfahrens verantwortlich.[3]

---

1) F. Haeberlin, Wissenschaftliche Begleitung des Erprobungsprojekts Praxisberatung. Zusammenfassung der Befunde und Ergebnisse, a.a.O., S. 7300 f.
2) Vgl. F. Haeberlin, Berufsberatung aus der Sicht von Wissenschaft und Forschung, a.a.O., S. 1002 ff.
3) M. Esser, Praxisberatung in der Erprobung, a.a.O., S. 1559.

Ein Beispiel für diese Binnenorientierung ist der ausschließliche Einsatz von BA-eigenen Moderatoren. In den Empfehlungen des Abschlußberichtes der wissenschaftlichen Begleitung dieses Erprobungsprojektes wird ausdrücklich auch die Erprobung von externen Moderatoren empfohlen, da eine mit der hauseigenen Moderation verknüpfte strukturelle Befangenheit der Moderatoren zu beobachten sei.[1]

In der Schweiz ist beispielsweise nach den Weisungen zur Fortbildung des Kantonalen Amtes für Berufsberatung Bern durchaus eine externe Moderation möglich.[2]

Insgesamt gesehen ist die Einrichtung von Praxisberatung zu werten als eine Reaktion auf Motivationsdefizite der Berufsberater. Dieses Instrument wurde aber bewußt so konzipiert, daß es innerhalb des etablierten Rahmens bleibt, der zu diesen Motivationsdefiziten führte. Insofern wird hier eine Strategie deutlich, die als Reaktion auf einen Problemdruck in jenen Bereichen Freiräume gewährt, wo dies ohne Substanzverlust des herkömmlichen strukturellen Rahmens möglich ist.
Hierbei wird jedoch die bestehende Problematik sowohl bei der Organisation als auch bei den Beratern nicht grundsätzlich abgebaut, sondern sie erscheint nun nur weniger auffällig. Die Organisation kann konstatieren, ein auch in anderen Beratungsinstitutionen

---

1) F. Haeberlin, Wissenschaftliche Begleitung des Erprobungsprojekts Praxisberatung. Zusammenfassung der Befunde und Ergebnisse, a.a.O., S. 7301.
2) Weisungen zur Fortbildung des Kantonalen Amtes für Berufsberatung Bern, in: Informationen für die Beratungs- und Vermittlungsdienste der BA, ibv-Doku-Ausgabe zu ibv Nr. 36 vom 2. September 1987, S. 7305.

übliches Verfahren implementiert zu haben, das beraterspezifischen Bedürfnissen grundsätzlich weitgehend entspricht. Die Berater ihrerseits erhalten durch Praxisberatung die Möglichkeit, sie belastende Alltagserfahrungen zwar kaum zu lösen, aber doch auf der Ebene gemeinsamer Kommunikation transparenter erscheinen zu lassen.

Hier werden die diesem Angebot des Arbeitgebers immanenten Grenzen deutlich. Sie zu überwinden, hieße gleichzeitig, den bisherigen strukturellen Rahmen berufsberaterischer Tätigkeit zu modifizieren.
An dieser Stelle soll ausführlich Haeberlin zitiert werden, der u.a. zu dieser Thematik schreibt: "Praxisberatung hat insgesamt viel erreicht, sie ist jedoch auch deutlich an Grenzen gestoßen, die letztlich nur dadurch überwunden werden können, daß die Rahmenbedingungen mit der Zeit so verändert werden, daß sie die an die Praxisberatung gerichteten Erwartungen eher unterstützen als hemmen und somit dem Beratungsgeschäft dienlicher sind als bisher. Anders ausgedrückt heißt dies, daß Maßnahmen zur Personalentwicklung, wenn sie ernst gemeint sind, immer auch Maßnahmen zur Organisationsentwicklung erfordern. Noch konkreter: Berufsberatung erfordert einen anderen institutionellen Rahmen als z.B. eine Finanzverwaltung deshalb, weil die Beratung Ratsuchender an die Berater andere kognitive und vor allem affektiv-emotionale Anforderungen stellt als die Verwaltung von Finanzen."
Kurz darauf heißt es an gleicher Stelle weiter: "Die Rahmenbedingungen der Beratungsarbeit sollten mit der Zeit so verändert werden, daß zugunsten der zu erledigenden Aufgabe wie zum Wohle aller in der Berufsberatung Tätigen die großen Vorbehalte dem

Führungskraftstatus gegenüber abgebaut werden können."[1])
In dieser Aussage eines Externen wird die gesamte herrschende Problematik verdichtet wiedergegeben.

Mit Ablauf des Jahres 1986 endete dieser Modellversuch, dennoch behielten die beteiligten Ämter aufgrund der bisherigen Ergebnisse die Praxisberatung bei.
Nach langem Schweigen von offizieller Seite zur Zukunft der Praxisberatung wurde im Mai 1989 bekanntgegeben, daß sie nicht allgemein in die Berufsberatung eingeführt werden wird.
In einer Erläuterung hierzu wird sie zwar "als ein besonders wirksames Instrument zur Sicherstellung einer den fachlichen Maßstäben entsprechenden Berufsberatung" bezeichnet, das aber leider angesichts der personalen und sachlichen Haushaltssituation der BA nicht eingesetzt werden kann.[2])

---

1) F. Haeberlin, Wissenschaftliche Begleitung des Erprobungsprojekts Praxisberatung. Zusammenfassung der Befunde und Ergebnisse, a.a.O., S. 7301.
2) Informationen für die Beratungs- und Vermittlungsdienste der BA, Nr. 20 vom 17. Mai 1989, S. 966.

8. Führung

8.1 Begriff

Unter dem Begriff der Führung verbergen sich eine Fülle von Inhalten, Ansichten und Konzepten.[1] Die Problematik einer Definition besteht darin, daß sich hiermit keine eindeutige, objektive Beschreibung ihres Wesens verbinden läßt.
Dieses Fehlen einer wertneutralen Basis führt zu normativen und situativen Verwendungen dieses Wortes.

Zur Strukturierung der unterschiedlichen damit gemeinten Sachverhalte verwenden Hentze und Brose die Dimensionen: Prozeß, Resultat und Institution, und können so innerhalb dieses multidimensionalen, theoretischen Konzeptes jeweils bestimmte Merkmale und insoweit unterschiedlich ausgerichtete Führungsbegriffe in den Vordergrund stellen.[2]

Wunderer und Grunwald weisen darauf hin, daß Führung einer gründlichen Phänomenanalyse bedarf, da es sich nicht um einen wertneutralen Begriff, sondern um ein kulturgebundenes, normatives Konzept handelt, welches je nach Welt- und Menschenbild der Praktiker unterschiedlich aufgefaßt wird.[3]

---

1) Vgl. O. Neuberger, Führen und geführt werden, 3. völlig überarbeitete Auflage von "Führung", Stuttgart 1990, S. 2 ff.
2) J. Hentze/P. Brose, Personalführungslehre, Stuttgart 1986, S. 20 ff.
3) R. Wunderer/W. Grunwald, Führungslehre, Bd. 1, Berlin, New York 1980, S. 53

Aus der Vielzahl der vorhandenen, unterschiedlichen Definitionen von Führung seien hier die folgenden beispielhaft erwähnt.
Danach ist Führung:

- "Jemanden eine Richtung auf ein Ziel weisen, jemanden in Bewegung auf ein Ziel halten ... Führung ist zielorientierte personale Einwirkung auf Menschen",[1]
- "Auf das Verhalten einer oder mehrerer Personen in der Weise einzuwirken, daß bestimmte Ziele durch gemeinschaftliches Handeln erreicht werden",[2]
- "Steuerung und Gestaltung des Handelns anderer Personen",[3]
- "... zielgerichtete Beeinflussung im zwischenmenschlichen Bereich".[4]

Aus diesen Zitaten wird bereits deutlich, daß es zwei Merkmale sind, die Bedeutung für die Definition von Führung haben.

Es ist zum einen das Element des Einwirkens, des Beeinflussens von Menschen und zum anderen das der bewußten Zielrichtung dieses Einwirkens.

Insofern ist Führung eine personale Beziehung, welcher die konkrete Absicht unterliegt, Individuen

---

1) K. Bleicher, Führungsstile, Führungsformen und Organisationsformen, in: Zeitschrift für Organisation, Heft 1 - 2 (1969), S. 31.
2) E. Grochla, Unternehmensorganisationen, Reinbek bei Hamburg 1972, S. 98.
3) J. Wild, Betriebswirtschaftliche Führungslehre und Führungsmodelle, in: J. Wild (Hrsg.), Unternehmensführung, Festschrift für E. Kosiol zu seinem 75. Geburtstag, Berlin 1974, S. 198.
4) A. Oechsler, Personal und Arbeit, München 1985, S. 169.

in ihrem Verhalten in einer bestimmten Weise zu beeinflussen.
Hierbei können grundsätzlich physische, psychische und soziale Beeinflussungsmittel angewendet werden.
Führung ist in diesem Zusammenhang auch eine Einflußnahme, die auf dem Vorhandensein von Überzeugungspotential beruht. Dieses kann an Einflußmöglichkeiten gekoppelt sein, die mit einer bestimmten Position in der Organisation zusammenhängen oder aufgrund persönlicher Eigenschaften, bestimmten Verhaltens oder situativer Umstände gegeben sind.
Für die Führung von Beratungskräften in der öffentlichen Verwaltung wird in diesem Zusammenhang eine Problematik sichtbar: die formal begründete Autorität wird aufgrund der speziellen beruflichen Erwartungshaltungen kaum akzeptiert; andere Autoritätsformen stehen jedoch nicht in ausreichendem Maße zur Verfügung.

Um von Führung sprechen zu können, sind bestimmte Bedingungen notwendig.
So muß ein sozialer oder organisatorischer Bezugsrahmen gegeben sein; weiterhin muß ein Ziel definiert sein, und es müssen zwischen den an der Situation beteiligten Personen Machtunterschiede bestehen.
Weiterhin ist wesentlich, daß die zielgerichtete Einflußnahme immer über Interaktionsprozesse abläuft, d.h., es findet Kommunikation zwischen Führern und Geführten statt.[1]

Insofern hat Führung neben der objektivierten Zielerfüllungsfunktion auch eine soziale Bedeutung.

---

1) Vgl. J. Manella, Führung und Kommunikation, in: H. Siegwart/G.J.B. Probst (Hrsg.), Mitarbeiterführung und gesellschaftlicher Wandel, Bern, Stuttgart 1983, S. 249 ff.

Zielgerichtete Beeinflussung von Menschen ist jedoch nicht möglich ohne Kenntnis der individuellen Struktur des Geführten.

8.2 Grundlagen der Führung

8.2.1 Motivation

Fragen der Führung tangieren in zahlreichen Fällen den Bereich der Motivation. Insoweit kann dieser Bereich bei einer Behandlung von Führungsfragen nicht außer acht gelassen werden.
Dennoch handelt es sich bei dem Begriff der Motivation um einen sehr abstrakten und zugleich komplexen Gegenstand. Neuberger bezeichnet Motivation als ein unselbständiges Element in dem komplexen Geschehen "Handlung", dessen Abgrenzung von anderen Bezeichnungen wie "Lernen", "Wahrnehmung" etc., willkürlich und unscharf ist.[1)]
Bei einer Eingrenzung des Begriffs kann Motivation allgemein als aktivierte Verhaltensbereitschaft eines Individuums im Hinblick auf die Erreichung bestimmter Ziele verstanden werden.[2)]
Motivationsmechanismen zugrunde liegen die Verhaltensbereitschaften (= Motive), empfundene Bedürfnisse zu befriedigen. Dabei ist es ohne Bedeutung, um welche Kategorie von Bedürfnissen es sich handelt. Ausschlaggebend ist vielmehr die Intensität, mit der sie jeweils empfunden werden sowie, auf die Arbeitswelt bezogen, die Auffassung der Mitarbeiter,

---

1) O. Neuberger, Arbeit: Begriff, Gestaltung, Motivation, Zufriedenheit, Stuttgart 1985, S. 128.
2) J. Hentze/P. Brose, Personalführungslehre, a.a.O., S. 37.

bestimmte Bedürfnisse könnten durch die Arbeitssituation befriedigt werden.
Hierbei kommen in der Realität eine Fülle möglicher Motive in Betracht, welche sich teilweise überlagern können.
Die Sichtweise der Komplexität der Bedürfnisse des arbeitenden Menschen hat sich psychologiegeschichtlich erst relativ spät eingestellt.
Schein spricht in diesem Zusammenhang von der historischen Abfolge eines Bildes vom

- rational-ökonomischen,
- sozialen,
- sich selbst verwirklichenden,
- komplexen Menschen.[1)]

Trotz der vorhandenen Vielschichtigkeit kann global in extrinsische und intrinsische Arbeitsmotive unterteilt werden.
Zu den extrinsischen zählen die Grundbedürfnisse (Bedürfnisse der Selbsterhaltung), das Bedürfnis nach Sicherheit sowie das Geltungsbedürfnis.
Als intrinsisch dagegen kann das Bedürfnis nach Aktivitäts- und Sinnesreizen, das Kontaktbedürfnis, das Bedürfnis nach Leistung, Macht sowie nach Sinngebung und Selbstverwirklichung bezeichnet werden.[2)]

In diesem Rahmen drängt sich die Frage nach einer allgemeingültigen Relevanz dieser Bedürfnisse auf. Bisher sind jedoch die Versuche einer Operationalisierung in dieser Richtung infolge der komplexen Struktur des Untersuchungsgegenstandes

---

1) E.H. Schein, Organizational psychology, 2. Aufl., Englewood Cliffs, New Jersey 1972, S. 55 ff.
2) Vgl. L.v. Rosenstiel, Die motivationalen Grundlagen des Verhaltens in Organisationen. Leistung und Zufriedenheit, Berlin 1975, S. 116 ff.

sowie der jeweiligen Erhebungsmethode nicht befriedigend verlaufen.
Immerhin brachten Befragungen eine Dominanz von Wünschen nach Sicherheit, interessanter Arbeit und beruflichem Aufstieg. Bei hierarchisch niedriger stehenden Organisationsmitgliedern dagegen standen eher materiell orientierte Bedürfnisse im Vordergrund.[1)]

Die psychologische Motivationsforschung steht vor terminologischen, theoretischen, insbesondere aber auch vor meßtechnischen Problemen.[2)]
Insoweit sind auch die entsprechenden Theorien der Arbeitsmotivation auf diesem Gebiet eher als bewußte Suchstrategien zu werten, welche die Funktion erfüllen sollen, aufgrund bestimmter Annahmen relevante Funktionen und Zusammenhänge zu erklären.

Bei der folgenden Aufzählung soll der gebräuchlichen Einteilung in Inhalts- und Prozeßtheorien gefolgt werden.[3)]

---

1) Vgl. L.v. Rosenstiel, Die motivationalen Grundlagen des Verhaltens in Organisationen. Leistung und Zufriedenheit, a.a.O., S. 224.
2) Vgl. G. Wiswede, Motivation und Arbeitsverhalten, München 1980, S. 86.
3) Beschreibungen der einzelnen Theorien finden sich u.a. bei A.B. Weinert, Lehrbuch der Organisationspsychologie, a.a.O., S. 263 ff, und J.A. Keller, Grundlagen der Motivation, München 1981, S. 224 ff; zu neueren amerikanischen Ansätzen zur Leistungsmotivation siehe R. Hampp, Leistungsmotivation - aber wie, in: Verwaltungsführung - Organisation - Personal, 7. Jg. Heft 6 (1985), S. 282 - 289.

Zu den ersteren gehört das Motivationsmodell von Maslow, Alderfers ERG-Theorie, Herzbergs Zwei-Faktoren-Theorie sowie McClellandes Theorie der gelernten Bedürfnisse.
Diesen Theorien, welchen die Anerkennung von angeborenen bzw. erworbenen Bedürfnissen gemeinsam ist, wird insgesamt vorgeworfen, sie machten keine Aussagen über konkrete Einzelheiten des menschlichen Verhaltens. Neuberger bezeichnet sie darüberhinaus u.a. als monokausal und zirkulär.[1])
Aber auch die Gruppe der Prozeßtheorien, zu denen Vrooms VIE-Theorie, das Modell der Erwartung von Lawler sowie die Gleichheitstheorie von Adams gehören, wird in ihrem Aussagewert kritisiert.
Insbesondere wird ihnen eine Überschätzung der kognitiven Komponente vorgeworfen sowie das weitgehende Ausblenden sozialer Faktoren.[2])

Die Frage nach der Nutzanwendung motivationstheoretischer Überlegungen im Rahmen einer Diskussion der Personalführung kann letztlich nur tendenziell beantwortet werden, da auch andere Variablen das Verhalten des Individuums beeinflussen.
Heckhausen sieht in der erbrachten eigenständigen Leistung ein starkes intrinsisches Motiv, dem er Selbstbekräftigungseigenschaften zuschreibt.[3])
Arbeitsmotivation dieser Kategorie kann somit wenigstens teilweise durch entsprechende organisatorische Freiräume, in denen Arbeitsziele bewußt nicht abschließend explizit vorgegeben sind, initiiert werden. Dieses schließt eine mögliche stimulierende

---

1) O. Neuberger, Arbeit, a.a.O., S. 130 ff.
2) Vgl. G. Wiswede, Motivation und Arbeitsverhalten, a.a.O., S. 140 f.
3) H. Heckhausen, Leistung und Chancengleichheit, Göttingen 1974, S. 98.

Fremdbestätigung (z.B. durch den Vorgesetzten) keineswegs aus.[1]
Im Beratungsbereich können sich starke motivationale Wirkungen durch die Eigenständigkeit und Eigenverantwortlichkeit in einer individuellen personenbezogenen Situation ergeben, die jedoch von der Beschäftigungsorganisation aufgegriffen und bewußt verstärkt werden müssen.

8.2.2 Macht

Ähnlich wie bei dem Begriff der Führung existieren auch zu dem der Macht zahlreiche Definitionen.

Max Weber sieht Macht als "jede Chance, innerhalb einer sozialen Beziehung den eigenen Willen auch gegen Widerstreben durchzusetzen."[2]
Eine umfassende Definition findet sich u.a. bei Hentze/Brose. Danach beruht Macht auf einem sozialen Prozeß zwischen mindestens zwei Personen (Machtinhaber und Machtunterworfener), zwischen denen eine soziale Beziehung bestehen muß.[3]
Zweck dieses Prozesses ist die Realisierung der Zielsetzung des Machtinhabers.
Crozier und Friedberg betonen insbesondere einen anderen Aspekt der Macht; sie sehen hier den Tausch- und Verhandlungscharakter im Vordergrund stehen. Danach ist Macht eine gegenseitige, jedoch unausgeglichene Beziehung, von welcher eine Seite in größerem Maße profitiert als die andere, bei der aber der

---

1) H. Heckhausen, Leistung und Chancengleichheit, Göttingen 1974, S. 102.
2) Max Weber, Wirtschaft und Gesellschaft, a.a.O., S. 28.
3) J. Hentze/P. Brose, Personalführungslehre, a.a.O., S. 55.

unterlegene Teil nie völlig wehrlos und ausgeliefert ist.[1]

Zum Wesen der Macht gehört weiterhin, daß ihr Wirkungsgrad insbesondere von dem Bewußtsein ihres Potentials abhängt. Macht schafft zugleich Einfluß und Abhängigkeit.

Die Grundlagen, auf die sich der jeweilige Machtausübende stützen kann, differieren stark.
Im folgenden wird eine Einteilung von Dorow zugrunde gelegt, nach welcher sich
- personale und
- formale

Machtpositionen unterscheiden lassen.[2]
Diese zum Zwecke der analytischen Betrachtung gewählte Abgrenzung schließt jedoch Mischformen in der Realität nicht aus.
Macht, welche ausschließlich auf personalen Grundlagen beruht, lebt von dem permanenten Beweis ihrer Potenz; die Führungsperson hat ständig neu ihre jeweiligen Fähigkeiten zu investieren, da ansonsten das ihr durch ihre Qualifikation entgegengebrachte Anerkennungspotential sich erschöpfen würde. Auch unterliegt die Führungskraft in diesen Fällen u.U. einem permanenten Konkurrenzdruck.

Auf dieser Grundlage aufgebautes Führungsverhalten kann jedoch zu einem Grad von Verhaltensbeeinflussung der Mitarbeiter führen, welcher über andere Wege nicht möglich wäre.

---

1) M. Crozier/E. Friedberg, Macht und Organisation. Die Zwänge kollektiven Handelns, Königstein/Ts. 1979, S. 39 ff.
2) W. Dorow, Unternehmenskonflikte als Gegenstand unternehmenspolitischer Forschung, Berlin 1978, S. 189.

Diesem auf personaler Machtbasis beruhenden Führungsverhalten steht jene Situation gegenüber, in der Macht an bestimmte Positionen gebunden ist. Diese wird in den Sozialwissenschaften häufig als positionale Autorität bezeichnet.[1] Sie ist im einzelnen genau umschrieben und kann von dem jeweiligen Stelleninhaber in diesem Rahmen uneingeschränkt benutzt werden. Es ist legale, verliehene Macht, welcher sich der Vorgesetzte bedient.

Die Notwendigkeit der Existenz einer formal definierten Machtbasis kann für Organisationen, welche zur effektiven, effizienten Erfüllung der ihr übertragenen Aufgaben verpflichtet sind, nicht bestritten werden.

Gerade vor dem ständig steigenden Bedarf großer Organisationen wurde der von Max Weber schon 1921 entworfene Idealtyp der Bürokratie als die leistungsfähigste, weil rationalste Organisationsform angesehen.

Ein Vorgesetzter, der sich im Verhalten gegenüber den Mitarbeitern in erster Linie seiner formalen Kompetenzen bedient, kann zwar ein der Stellenbeschreibung des Mitarbeiters entsprechendes Verhalten erwarten oder einklagen, Überzeugtheit von der Aufgabe und entsprechendes Engagement aber nicht.[2]

Hier liegt die strukturelle Lücke desjenigen Führungsverhaltens, welches formal-sachlich bestimmte

---

1) J. Hentze/P. Brose, Personalführungslehre, a.a.O., S. 65.
2) Vgl. H.J. Leavitt, Grundlagen der Führungspsychologie, 2. Aufl., München 1979, S. 164.

Verhaltensweisen vorschreibt und deren Ausführung kontrolliert.

Bei beiden Grundlagen von Macht wird im übrigen ein gemeinsames Merkmal sichtbar: die Bindung an die Organisation durch Erfolge aufgrund der Machtanwendung.[1]
Insoweit kann Macht unabhängig von ihren Entstehungsfaktoren eine Eigendynamik entfalten, die zu Wirkungen doppelter Art führen kann: während bei den Führungskräften die Loyalität gegenüber der Organisation wächst, in welcher eine Ausübung dieser Art von Einfluß möglich ist, kann bei den davon betroffenen Mitarbeitern eine Frustration in den Fällen eintreten, in denen aufgrund fehlender Überzeugung ein gedankliches und emotionales Nachvollziehen des geforderten Verhaltens nicht möglich ist.
Der Begriff der Führung steht noch in einem weiteren Zusammenhang mit dem der Macht: Führung bedarf der Macht wie gleichzeitig der Begrenzung dieser Macht. So erlebt der Vorgesetzte in Organisationen mit mehreren Hierarchieebenen permanent den Dualismus von Macht und Ohnmacht.
Seine Vorgesetztenfunktion wurde ihm verliehen von einer über ihm stehenden Ebene, welche damit gleichzeitig gewisse Auflagen und Erwartungshaltungen verbindet. Ihr gegenüber befindet er sich unter Rechtfertigungsdruck. Dadurch ist sein Handlungs- und Verhaltensspielraum gegenüber seinen Mitarbeitern begrenzt.

---

1) H. Bosetzky/P. Heinrich, Mensch und Organisation, a.a.O., S. 149.

8.2.3 Rolle

Es ist eines der wesentlichen Elemente von Organisationen, daß ihre Mitglieder bestimmte, definierte Positionen einnehmen und als solche Träger entsprechender Rollen sind. Insofern können Rollen als schematisierende Handlungsanweisungen verstanden werden, die nicht an die einzelne Person, sondern an spezielle Gruppen adressiert sind.[1]

Die Definition von Organisationsrollen ist das Ergebnis eines interaktiven Prozesses, bei welchem unterschiedliche Definitionsmuster je nach Grad ihrer Gewichtung und Durchsetzbarkeit zusammentreffen.[2]
Sie kommt empirisch faßbar im Rollenverhalten zum Ausdruck. Dieses variiert je nach Standort des Betreffenden in der Organisationshierarchie und Tätigkeitsbereich aufgrund der unterschiedlichen Erwartungshaltungen stark.

Auch Führungskräfte entwickeln aufgrund einer Annahme der sozialpsychologischen Rollentheorie in erster Linie diejenigen Eigenschaften, die andere in bezug auf ihre Funktionen erwarten.[3]

In der Realität können unterschiedliche Rollenerwartungen der beiden Hierarchieebenen, zwischen denen der Vorgesetzte steht, zu Rollenkonflikten führen, wenn der jeweiligen Erwartungshaltung nicht entsprochen werden kann.

---

1) Vgl. G. Büschgens, Einführung in die Organisationssoziologie, Stuttgart 1983, S. 125.
2) O. Neuberger, Führungsrollen - Rollentheorie, in: A. Kieser/G. Reber/R. Wunderer (Hrsg.), Handwörterbuch der Führung, Stuttgart 1987, Sp. 867.
3) L.v. Rosenstiel,W. Molt/B. Rüttinger, Organisationspsychologie, 4. Aufl., Stuttgart 1979, S. 111.

Gerade diese Konfliktmöglichkeit ist latent immer gegeben. Von Führungskräften wird jedoch explizit erwartet, daß sie situationsgerecht in der Lage sind, entsprechendes Rollenverhalten zu zeigen (Forderer und Förderer gegenüber Mitarbeitern, Feedbackgeber, Berater des eigenen Vorgesetzten, Repräsentant der Organisation gegenüber Dritten usw.).
Eine Lösung für das sich so ergebende widersprüchliche Anforderungspotential wird darin gesehen, diese Rollen nicht rein mechanisch aufzufassen, sondern sie jeweils aufgrund der Eigenart der jeweiligen Persönlichkeit des Ausführenden individuell zu interpretieren, um so hinter der Vielfalt des Rollenrepertoires letztlich das Gesamtbild des qualifizierten Vorgesetzten zu sehen.[1)]
Im Arbeitsalltag von Führungskräften stellt jedoch die Divergenz der Erwartungshaltungen in den unterschiedlichen Rollenbeziehungen ein oft schwer lösbares Problem dar.

Vor diesem Hintergrund gewinnt die Suche nach relevanten Entlastungsstrategien an Bedeutung.
Eine von solcherart wirkenden Strategien ist die Orientierung der Führungskraft an spezifischen Wertvorstellungen, welche eine Leitfunktion für das situative Alltagshandeln darstellen.
In diesem Zusammenhang ist ein von v. Rosenstiel 1982 initiiertes Forschungsprojekt von Bedeutung, das den Wandel der Karrieremotivation, insbesondere bei

---

1) Vgl. P. Müri, Der Chef: Viele Rollen - eine Persönlichkeit, in: io Management-Zeitschrift, 55. Jg. Heft 7/8 (1986), S. 321 f.

Führungskräften, zum Gegenstand hat.[1] Im Zuge der Forschungsarbeiten ergaben sich u.a. folgende Aussagen:
Aufgrund von Befragungen einer repräsentativen Stichprobe der erwerbsfähigen Bevölkerung in der Bundesrepublik Deutschland befürworten ca. 1/4 eine ausgeprägte traditionelle Karierreorientierung. Jedoch nahezu 3/4 befragter Führungskräfte sprachen sich zugunsten dieser Wertvorstellung aus.[2]

Zur Erklärung dieser gravierenden Verschiebung wurde u.a. auf eine Sozialisationshypothese verwiesen, nach welcher Führungskräfte sich nach ihrem Eintritt in den Beruf aufgrund von Anpassungsprozessen in Richtung Karriereorientierung verändern.[3] Durch die Übernahme einer solchen Orientierung erfolgt gleichzeitig eine Stärkung desjenigen Rollenbildes, welches eine konsequente Vertretung der Erwartungshaltung des eigenen Vorgesetzten zum Inhalt hat.

Auf diesem Wege ist es vorstellbar, daß der mögliche Spielraum bei der Ausführung der Funktion des Vorgesetzten durch konfliktentlastende Strategien erheblich eingeengt und auf eine einseitig konforme Gestaltung reduziert wird.
Dieses Verhalten ist insbesondere typisch für Führungskräfte, deren Machtbasis formaler Art ist und welche innerhalb einer komplexen Organisation mit mehreren Hierarchieebenen tätig sind. Neben einer Entlastungsfunktion sind durch gezieltes Verhalten

---

1) E. Einsiedler/S. Rau/L. v. Rosenstiel, Karrieremotivation bei Führungskräften, in: Die Betriebswirtschaft, 47. Jg. Heft 2 (1987), S. 177.
2) Ebenda S. 178 f.
3) E. Einsiedler/S. Rau/L. v. Rosenstiel, Karrieremotivation bei Führungskräften, in: Die Betriebswirtschaft, a.a.O., S. 180.

dieser Art Belohnungen von seiten der Organisation zu erwarten, die in erster Linie in der Zuteilung einflußreicher Positionen im Führungsbereich liegen.

Derartige Prozesse sind auch innerhalb der BA zu beobachten: die Erwartungshaltung höherer Instanzen, mit denen die Führungskräfte konfrontiert werden, führt zu einem Rechtfertigungs- und Anpassungsdruck. Dieses ist insbesondere bei Vorgesetzten von Berufsberatern problematisch, da hierdurch die Akzeptanz von seiten der Berater geschmälert wird.

8.3 Ansätze der Führungsforschung

Führung kann als spezifische Form von Interaktionen in Organisationen verstanden werden. Sie ist kein feststehendes, empirisch abgesichertes Konstrukt.
Daß in der Realität in vielen Organisationen dennoch verfahren wird, als genügten klare Hierarchie- und Aufgabengliederungen sowie entsprechende Kontroll- und Rückkoppelungsstrukturen, macht das entsprechende Wissensdefizit deutlich, gleichzeitig aber auch die Problematik, vor welcher sich Führungskräfte wie auch Geführte immer wieder befinden, nämlich gezielt angemessenen Interaktions- und Handlungsmuster einzusetzen. Die Komplexität von Führung wird bereits an den vielfältigen Faktoren deutlich, welche auf sie einwirken können:

- die Art der Arbeit,
- die jeweilige Organisationsebene,
- das Organisationsklima,
- die Größe und Struktur der Arbeitsgruppen,
- die Aufgabenstruktur der Geführten,
- die jeweiligen Mitarbeiterziele,

- das Be- und Entlohnungssystem,
- die Persönlichkeit des Führers.[1]

Die Vielschichtigkeit wird noch dadurch erhöht, daß die von diesem Prozeß ausgehenden Effekte teilweise Rückkoppelungen auf das Verhalten der Führungsperson beinhalten. Weinert spricht in diesem Zusammenhang von multiplen Interaktionen.[2]

Aus dieser Skizzierung der Situation wird deutlich, wie problematisch eine Konzentration auf nur einen Einflußfaktor ist, der als maßgebend angesehen wird. Dennoch stellen die bekanntesten Ansätze in der Führungsforschung generell eine spezifische Sichtweise von Führung in den Vordergrund, auf welcher aufbauend Aussagen über Beziehungen zwischen spezifischen Führungsbedingungen und entsprechenden Effekten bei den Geführten abgeleitet werden.[3]

Dennoch soll durch diese Ansätze ein Ziel erreicht werden: die Vorhersehbarkeit und Bestimmbarkeit des Führungserfolges. Die Erreichung dieses Zieles wird jedoch durch eine generelle konzeptionelle Schwäche für die Praxis in Frage gestellt: die Reduzierung der in der Realität vorhandenen Komplexität.

---

1) Vgl. A.B.Weinert, Lehrbuch der Organisationspsychologie, a.a.O., S. 341 f.
2) Vgl. ebenda S. 342.
3) G. Reber, Führungsforschung, Inhalte und Methoden, in: A. Kieser/G. Reber/R.Wunderer, Handwörterbuch der Führung, a.a.O., Sp. 398 ff.

Im folgenden sollen einige Beiträge der Führungsforschung kurz skizziert werden.[1]
Hierbei lassen sich exemplarisch zunächst fünf verschiedene Ansätze unterscheiden:

- der Eigenschafts-Ansatz,
- der Verhaltens-Ansatz,
- der Situations-Ansatz und
- der Interaktions-Ansatz,
- die Führungsdyaden.

8.3.1 Eigenschafts-Ansatz

Einer der ältesten Erklärungsansätze der Führung ist die sogenannte Eigenschaftstheorie. Hier kommt der Person des Führers die ausschlaggebende Bedeutung zu. Bestimmten intellektuellen Merkmalen, wie Intelligenz, Schulleistungen, aber auch physischen Merkmalen, wie Alter und Größe, werden positive Korrelationen mit dem Führungsergebnis vorausgesagt.
Aufgrund dieser Annahmen wurden in den fünfziger und sechziger Jahren zahlreiche empirische Studien unternommen.
Hierbei zeigte sich, daß eine Vielzahl heterogener Eigenschaften zwischen Führern und Nichtführern

---

1) Für einen umfassenderen Überblick vgl. O. Neuberger, Führen und geführt werden, a.a.O., S. 61 ff., L. v. Rosenstiel u.a., Organisationspsychologie, a.a.O., S. 109 ff., J. Hentze/P. Brose, Personalführungslehre, a.a.O., S. 108 ff., A.B. Weinert, Organisationspsychologie, a.a.O., S. 347 ff., W.A. Oechsler, Personal und Arbeit, a.a.O., S. 170 ff., K. Türk, Personalführung und soziale Kontrolle, Stuttgart 1981, S. 4 ff. sowie die dort genannte Literatur als auch die unter diesem Stichwort in dem bereits zitierten "Handwörterbuch der Führung" von A. Kieser u.a. vorhandenen Beiträge.

differenzierte.[1] Jedoch waren diese Ergebnisse nicht generalisierbar und wiesen eine starke Streuung auf. Wenn dennoch oft positive Korrelationen zwischen bestimmten Indikatoren, wie Intelligenz, Karriereorientierung und Selbstvertrauen mit dem Führungserfolg zu beobachten waren, so ist dies wohl teilweise aus der Wertschätzung solcher Attribute von denjenigen höheren Vorgesetzten zu erklären, welche über Aufstiegschancen zu befinden haben.[2]

Die Eigenschaftstheorie ist zwar auf den ersten Blick in hohem Maße plausibel und sehr einfach in der Praxis zu verwerten, was zu ihrer weiten Verbreitung beigetragen hat. Eine gewisse Renaissance erlebt sie in Assessment Centers, obwohl auch dort der Aussagewert der aufgrund des Spektrums von Verfahren ermittelten personalen Eigenschaften stark begrenzt ist. Bewertet wird hier jedoch nicht der generelle Führungserfolg, sondern der Karriereerfolg in einer speziellen Organisation, daher haben die Ergebnisse unter diesem Gesichtspunkt einen deutlich höheren Aussagewert.[3]

Allgemein gilt jedoch, daß der von der Eigenschaftstheorie unterstellte, lineare Zusammenhang zwischen herausgegriffenen Persönlichkeitsmerkmalen und dem Führungserfolg nicht ausreichend belegbar und die unterstellte eindimensionale Kausalität bei Konfrontation mit der Realität nicht haltbar ist.

---

1) L. v. Rosenstiel/W. Molt/B. Rüttinger, Organisationspsychologie, 4. Aufl., a.a.O., S. 109.
2) Vgl. O. Neuberger, Führen und geführt werden, a.a.O., S. 65.
3) Vgl. W. Jeserich, Mitarbeiter auswählen und fördern. Assessment Center Verfahren, München 1981, S. 321.

Es wäre jedoch verfehlt, hieraus im Umkehrschluß zu folgern, persönliche Merkmale des Führers seien für Führungsaufgaben nicht relevant.
Diese statische Theorie enthält durchaus relevante Grundannahmen, nur ist weniger der bloße Besitz bestimmter Persönlichkeitsausprägungen von Bedeutung als vielmehr ihre aktive Demonstration. Dennoch sind bestimmte Vorgesetzteneigenschaften im Beratungsbereich u.U. von entscheidender Bedeutung, da durch sie generalisierte Urteile über Führungskräfte positiv korrigiert werden können.

8.3.2 Verhaltens-Ansatz

Aufgrund der geschilderten Problematik des eigenschaftstheoretischen Ansatzes wandte sich das Interesse der Führungsforschung zu Beginn der fünfziger Jahre Fragen nach demjenigen Verhalten von Führungskräften zu, welches den größtmöglichen Erfolg sichert.[1]

Vereinfacht lassen sich zwei Darstellungsweisen aufzeigen:
zum einen der Versuch der Erarbeitung entsprechender führungstheoretischer, idealtypischer Konzeptionen, um von daher das reale Führungsverhalten zu analysieren, und zum anderen - aufgrund der Schwächen des erstgenannten Ansatzes - der Versuch, die Funktion der Führung durch empirisch nachweisbare

---

1) Vgl. A.G. Jago, Führungsforschung/Führung in Nordamerika, in: A. Kieser/G. Reber/R. Wunderer, Handwörterbuch der Führung, a.a.O., Sp. 497 ff. und A.B. Weinert, Lehrbuch der Organisationspsychologie, a.a.O., S. 350.

Aussagen zu belegen, um daraus theoriegeleitete, verallgemeinerungsfähige Schlüsse zu gewinnen.[1]

In der Literatur finden sich eine Vielzahl von theoretischen, idealtypischen Konzeptionen, die eine oder auch mehrere Dimensionen des Führungsverhaltens thematisieren.
Einer der ersten, der sich wissenschaftlich mit den Fragen des Führungsverhaltens auseinandergesetzt hat, war in den dreißiger Jahren Kurt Lewin. Er stellte in seinen Untersuchungen autoritäres, demokratisches und Laissez-faire-Führungsverhalten gegenüber und erkannte einen deutlichen Zusammenhang zwischen dem jeweils praktizierten Führungsstil und dem Verhalten der Geführten.

Dieser Ansatz, welcher ausschließlich auf der Dimension der Entscheidungspartizipation des Mitarbeiters beruht, wurde von Tannenbaum und Schmidt aufgegriffen. Sie formulierten eine Kontinuumtheorie, die zwischen sieben in dieser Hinsicht verschiedenen Handlungsweisen unterscheidet.[2]
Auf dieser normativ analytischen Basis versuchten die Autoren, die jeweils relevanten Determinanten des geeignetsten Führungsstiles zu bestimmen.
Unterschiedliche Ausprägungen der Determinanten Vorgesetzter, Mitarbeiter und Situation erfordern jeweils einen anderen Führungsstil.

---

1) Vgl. J. Hentze/P. Brose, Personalführungslehre, a.a.O., S. 115.
2) R. Wunderer/W. Grunwald, Führungslehre, Bd. 1, a.a.O., S. 226.

Eine weitere eindimensionale Konzeption ist von Seidel formuliert worden.[1] Auch er stellt polare Extremtypen des Führungsverhaltens einander gegenüber.

Die Kritik an diesem Ansatz[2], wie auch an demjenigen von Tannenbaum und Schmidt[3], wendet sich insbesondere gegen die ausschließliche Thematisierung eines einzigen Aspekts des Führungsverhaltens.
Die Komplexität von Führung in der Realität läßt sich so nicht hinreichend abbilden.

Neben diesen Ansätzen entwickelten sich Theorien, die auf zwei Dimensionen des Führungsverhaltens beruhen. Sie entstanden zunächst unabhängig voneinander an den amerikanischen Universitäten in Ohio und Michigan.[4]
In beiden Forschungsansätzen wurde das Führungsverhalten in zwei Kategorien unterschieden, in arbeits- bzw. aufgabenbezogenes Führen und in mitarbeiterorientiertes Führen. Trotz weitgehender Ähnlichkeit zwischen den beiden Modellen besteht ein gravierender Unterschied in der Konzeptionalisierung: die "Ohio-Studien" gehen von einer Unabhängigkeit der Leistungs- und Mitarbeiterorientierung aus, während die "Michigan-Studien" zunächst diese beiden Orientierungen als Extrempunkte derselben Dimension ansahen und sie sich somit gegenseitig ausschlossen.
Diese theoretische Einordnung der Führungsstile in ein Quadrantensystem ist zwar zahlreichen empirischen Studien unterzogen worden, doch konnten trotz

---

1) E. Seidel, Betriebliche Führungsformen, Stuttgart 1978.
2) Vgl. O. Neuberger, Führung, a.a.O., S. 114.
3) Vgl. R. Wunderer/W. Grunwald, Führungslehre, Bd.1, a.a.O., S. 225.
4) Vgl. A.B. Weinert, Lehrbuch der Organisationspsychologie, a.a.O., S. 352 ff.

teilweise bestätigender Befunde keine eindeutigen Aussagen über den Zusammenhang von Führungsstil und Leistung der Geführten abgeleitet werden. Dies ist zum einen auf die Problematik entsprechender Befragungen[1] und zum anderen auf die Vielzahl der auf das Verhalten von Menschen einwirkenden Faktoren zurückzuführen.[2]

Auch diese Modelle müssen letztlich an der Vielgestaltigkeit der Realität scheitern und können nur als Anhaltspunkte für die weitere Führungsforschung betrachtet werden.
Ähnlich wie die beiden genannten 2-Dimensionen-Ansätze gehen auch Blake u. Mouton mit ihrem sehr populär gewordenen Verhaltensgitter (Managerial Grid) von der Relevanz der zwei genannten Faktoren aus, denen sie völlige Unabhängigkeit unterstellen.
Im Grunde leisteten sie jedoch nur eine andere Aufbereitung der bestehenden Ansätze, indem sie eine Differenzierung der beiden Skalen in nicht zwei, sondern neun Abstufungen vornahmen. Letztlich wird allgemeingültig die Empfehlung zugunsten eines 9.9. Führungsstiles (höchste Leistungs- und Mitarbeiterorientierung) ausgesprochen.[3] Mit dieser Postulierung eines einlinigen monokausalen Zusammenhangs kann das Modell dem tatsächlichen Führungsverhalten kaum große Impulse geben, von den darüberhinaus bestehenden Zweifeln an seiner methodischen Sorgfalt ganz abgesehen.[4]

---

1) Vgl. L. v. Rosenstiel/W. Molt/B. Rüttinger, Organisationspsychologie, 4. Aufl., a.a.O., S. 118 f.
2) Vgl. A.B. Weinert, Lehrbuch der Organisationspsychologie, a.a.O., S. 354.
3) Vgl. R.P. Blake/J.S. Mouton, Verhaltenspsychologie im Betrieb, Düsseldorf, Wien 1964, S. 33.
4) Vgl. O. Neuberger, Führung, a.a.O., S. 111.

Im Bemühen um realitätsbezogenere Aussagen wurde die Zahl der Dimensionen des Führungsverhaltens erweitert. So unterscheidet Reddin in seinem Modell die drei Dimensionen Aufgabenorientierung, Beziehungsorientierung und Effektivität,[1] zwischen denen verschiedenste Kombinationen möglich sein können, deren jeweiliger Nutzen nur im situativen Kontext beurteilt werden kann.
Vermutlich liegt die besondere Stärke dieses Modells in seiner guten didaktischen Verwertbarkeit und weniger in der Abbildung von Wirklichkeit.

Daß sich die Zahl der zu berücksichtigenden Faktoren des Führungsverhaltens durchaus steigern läßt, bewiesen z.B. Bowers und Seashore.
Sie entwickelten einen Ansatz, der vier entsprechende Einflußgrößen explizit unterscheidet.[2]
Empirische Untersuchungen scheinen die Aussagen des Modells zu bestätigen, dennoch bleiben auch hier die schon beschriebenen Zweifel und Vorbehalte bestehen.

Auch multidimensionale Ansätze, wie das System von Bleicher und Meyer, das sich durch sechs abgestufte organisatorische Führungselemente auszeichnet, die je nach Ausprägungsgrad zur Beschreibung eines eher autoritären bzw. kooperativen Führungsstiles geeignet sind, stellen eher weitere Varianten der Führungsforschung dar.[3]

Auch der Versuch einer noch so vollständigen und systematischen Beschreibung des Führungsprozesses

---

1) J. Hentze/P. Brose, Personalführungslehre, a.a.O., S. 121.
2) Vergleiche A.B. Weinert, Lehrbuch der Organisationspsychologie, a.a.O., S. 360 ff.
3) Vgl. J. Hentze/P. Brose, Personalführungslehre, a.a.O., S. 128 ff.

reicht nicht aus, um präzise Aussagen über die Wirkung bzw. den Erfolg von Führung zu machen.
In bezug auf die Führung von Beratungskräften können die hier skizzierten Ansätze den Vorgesetzten aufgrund der komplexen Erwartungsstruktur von Beratern kaum wirksame Unterstützung bieten, obwohl das Ziel einer höchsten Leistungs- und Mitarbeiterorientierung, wie im Managerial Grid dargestellt, hier fraglos sehr wünschenswert ist.

8.3.3 Situations-Ansatz

Im Gegensatz zu den bisher erwähnten Führungsmodellen stehen diejenigen Ansätze, die den Situationsaspekt in den Vordergrund stellen, um so eine bisher nicht explizit thematisierte Einflußgröße auf das Führungsverhalten näher zu analysieren.

Am bekanntesten ist in dieser Hinsicht das Kontingenzmodell von Fiedler.[1] Hier wird eine Abhängigkeit der Gruppenleistung von einerseits dem jeweils adäquaten Führungsstil und andererseits von der spezifischen Arbeitssituation bezüglich der Möglichkeit der Führungskraft, Einfluß auf die Mitarbeiter zu nehmen, deutlich.
Daraus wird der Schluß gezogen, die Gruppenleistung entweder durch eine Modifizierung des Führungsstils oder durch die jeweilige Arbeitssituation zu beeinflussen.

Fiedler unterscheidet zwischen der aufgabenorientierten und der personenorientierten Führung, wobei

---

1) E.F. Fiedler, A theory of leadership effectiviness, New York 1967.

speziell entwickelte Wahrnehmungsmaße zur Einordnung des individuellen Führungsstiles dienen sollen.[1] Weiterhin stellte er drei Komponenten heraus, von denen die Wirkung des persönlichen Führungsstiles am stärksten tangiert wird:

- die Führer-Mitarbeiter-Beziehungen,
- die Aufgabenstruktur und
- die Positionsmacht des Führers.[2]

Maßstab des Führungsergebnisses ist ausschließlich die Leistungseffektivität; eine Bewertung im sozio-emotionalen Bereich ist nicht vorgesehen.

Die Korrelation von Führungsstil und Leistungseffektivität drückt eine "allgemeine Kontingenzhypothese" aus. Danach ist ein aufgabenorientierter Führungsstil in sehr günstigen und sehr ungünstigen Situationen am erfolgreichsten, ein personenorientierter Führungsstil dagegen in Situationen mittlerer Günstigkeit.[3]

Fiedlers Theorie ist aufgrund der Klarheit ihres Aufbaues und ihrer Plausibilität zu einer der meist untersuchten sozial-psychologischen Theorien geworden.[4]

Zugleich treffen aber auch nur wenige Modelle auf eine so breite Kritik sowohl hinsichtlich ihres

---

1) J. Hentze/P. Brose, Personalführungslehre, a.a.O., S. 184.
2) L. v. Rosenstiel/W. Molt/B. Rüttinger, Organisationspsychologie, 4. Aufl., a.a.O., S. 136.
3) E.F. Fiedler/M.M. Chemers/L. Mahar, Der Weg zum Führungserfolg, Stuttgart 1979, S. 191.
4) O. Neuberger, Organisation und Führung, a.a.O., S. 101.

methodischen Aufbaues als auch hinsichtlich ihrer empirischen Basis.[1]
Neben mangelnder Operationalität der zentralen Variablen wird insbesondere die Reduzierung der Realität auf nur drei Situationsbeschreibungen, der nicht ausreichende theoretische Status und ein nicht eindeutiges Erfolgskriterium dem Modell als Schwäche angelastet.[2]
Für die Anwendung im Beratungsbereich erweist sich dieser Ansatz als nicht relevant.

8.3.4 Interaktions-Ansatz

Eine neue Konzeption in der Führungsforschung stellen die sogenannten Weg-Ziel-Theorien (Path-Goal-Theories) dar. Sie sind eine Reaktion auf den bisher weitgehend unterstellten Zusammenhang zwischen Führungsverhalten und Leistung, welchen Neuberger als "naiv-korrelativ" bezeichnet.[3]
Bei ihnen steht nicht mehr der Führer und sein Verhalten im Mittelpunkt der Betrachtung, sondern die Geführten.

Evans, der diese Richtung mit als erster propagierte, lehnt sich hierbei eng an die Instrumentalitäts- bzw. Erwartungstheorien der Motivationsforschung an (insbesondere an das entsprechende Modell von Vroom).

---

1) Vgl. hierzu A.B. Weinert, Lehrbuch der Organisationspsychologie, a.a.O., S. 368 ff., O. Neuberger, Führung, a.a.O., S. 158 ff., R. Baumgarten, Führungsstile und Führungstechniken, Berlin, New York 1977, S. 149 f.
2)O. Neuberger, Organisation und Führung, a.a.O., S. 101.
3) O. Neuberger, Ergebnisse der Führungsstil-Forschung - Bestandsaufnahme und Neuorientierung, in: Wirtschaftswissenschaftliches Studium (WiSt), Heft 1 (1976), S. 18.

Der Führer soll die zu vergebenden Belohnungen in Abhängigkeit von der jeweiligen Zielerreichung verteilen und den Geführten Möglichkeiten zur Erreichung der vorgegebenen Ziele und damit der Belohnungen aufzeigen.[1)]

Die Rolle des Vorgesetzten wird bei diesen Ansätzen im Bereich der Motivationsförderung gesehen. Er hat die Bedingungen für anreiz- und erfolgsorientiertes Arbeiten zu schaffen, um so die Mitarbeiter bei der Bewältigung der an sie gestellten Anforderungen zu unterstützen.
Dieses Modell unterstellt bei den Geführten eine Gleichsetzung von Motivation und subjektivem Nutzen. Der gesamte Nutzen einer bestimmten Handlungsalternative ergibt sich hierbei aus einer Kombination von Wahrscheinlichkeitsschätzungen hinsichtlich des Eintretens von Handlungsfolgen, des individuellen Nutzens der Tätigkeit sowie des möglichen Erfolges. Neuberger, welcher diese Ansätze unterstützt, sieht in der Hinwendung des Interesses der Führungsforschung zum Geführten eine "kopernikanische" Wende.[2)]

Die in den Vordergrund gestellte Subjektivität der Bedürfnisse der Geführten macht das Modell jedoch zugleich anspruchsvoll hinsichtlich seiner Handhabung, da einem Vorgesetzten in der Regel mehrere Mitarbeiter unterstehen, die jeweils individuelle Motivationsstrategien benötigen. Weiterhin unterstellt das Modell eine hinreichend genaue

---

1) Vgl. M.G. Evans, The Effects of Supervisory Behavior on the Path-Goal Relationship, in: Organizational Behavior and Human Performance, 5. Jg. (1970), S. 282.
2) O. Neuberger, Ergebnisse der Führungsstil-Forschung - Bestandsaufnahme und Neuorientierung, a.a.O., S. 18.

Erfassung der individuellen Nutzen sowie die generell vorhandene Neigung, diesen zu maximieren. Außerdem erschwert die individualistische Ausrichtung dieses Konzeptes seine empirische Überprüfung.
Türk sieht in diesem Ansatz eine instrumentalistisch-technologische Wendung der entsprechenden motivationstheoretischen Annahmen.[1] Er vermutet hier den Versuch, mit Hilfe eines individualpsychologischen Instrumentariums effektiven Einfluß zu nehmen auf das Verhalten von Mitarbeitern.[2]
Dennoch stellt dieser interaktionistische Ansatz eine wichtige Weiterentwicklung der Führungsforschung dar, weil so zum erstenmal die subjektiven Mitarbeiterbedürfnisse explizit thematisiert werden.
Auf die Situation von Beratern bezogen stellt diese Ausrichtung einen grundsätzlichen Erkenntnisfortschritt dar, weil hier deren Berufsbindung bewußt eingeht.

8.3.5 Führungsdyaden

Abschließend soll noch ein Ansatz kurz skizziert werden, bei dem im Gegensatz zu den anderen die Zweierbeziehung von Personen im Vordergrund steht. Hier erlangt die Spannung zwischen sozio-emotionaler Nähe und Leistungstüchtigkeit besondere Bedeutung.[3]

Die für Dyaden typischen, sich wechselseitig beeinflussenden Interaktionen werden dabei als Grund-

---

1) K. Türk, Personalführung und soziale Kontrolle, a.a.O., S. 6.
2) Vgl. ebenda S. 7.
3) O. Neuberger, Führen und geführt werden, a.a.O., S. 98.

einheit der Beschreibung interpersonaler Beeinflussung angesehen.[1]
Die Existenz von Dyaden erleichtert dem Organisationsmitglied die Reduzierung komplexer Ungewißheit, indem sie den Rollenbildungsprozeß strukturieren. Auf der Grundlage dyadischer Transaktionen werden so gegenseitige Anreiz-Beitragsmuster ausgehandelt.

Graen und Scandura führen in diesem Zusammenhang den Begriff "Dyadic Career Reality (DCR)" ein und definieren ihn als System von Komponenten und Beziehungen, wobei beide Mitglieder der Dyade Verhaltensweisen gegenseitiger Abhängigkeit und gemeinsame Ergebnis-Instrumentalität teilen sowie Umweltkonzeptionen, Ursachenmuster und Werte produzieren.[2]

In umfangreichen Feldversuchen wurde die Wirkung eines sich bewußt am dyadischen Rollenbildungsmodell orientierten Vorgesetztenverhaltens analysiert. Dabei ergab sich in diesen Fällen sowohl eine erhebliche Produktionssteigerung als auch eine höhere Arbeitszufriedenheit.[3]

Insofern ist die Herausbildung einer Führungsform auf der Grundlage dyadischer Beziehungen nicht unberechtigt. Dennoch darf nicht verkannt werden, daß nicht nur die phänomenologische Realität der Dyade existiert, sondern daneben in Organisationen auch jene des Individuums und der Arbeitsgruppe.

---

1) G.G. Graen/T.A. Scandura, Theorie der Führungsdyaden, in: A. Kieser u.a. (Hrsg.), Handwörterbuch der Führung, a.a.O., Sp. 377 f.
2) G.G. Graen/T.A. Scandura, Theorie der Führungsdyaden, in: A. Kieser u.a. (Hrsg.), Handwörterbuch der Führung, a.a.O., Sp. 379.
3) Ebenda Sp. 384 f.

Obwohl grundsätzlich gerade nicht standardisierte Tätigkeiten durch wirksame Führungsdyaden positiv beeinflußt werden können, orientieren sich Beratungskräfte weitaus stärker an der Aufgaben- und Gruppenstruktur. Das dyadische Rollenbildungsmodell kann dagegen einen höheren Wirkungsgrad auf der Beziehungsebene Vorgesetzter - höherer Vorgesetzter entfalten.

8.4 Führungstechniken

Bei den Führungstechniken handelt es sich im Unterschied zu den Führungstheorien um Maßnahmen, die geeignet erscheinen, im organisationsspezifischen Rahmen die Realisierung rationaler Problemlösungen herbeizuführen. Diese beziehen sich sowohl auf die Gestaltung der Bedingungen in Organisationen als auch auf die Steuerung von Handlungen der Organisationsmitglieder.[1)]
Insofern propagieren Führungstechniken bestimmte Verhaltensweisen, bei deren Beachtung sich entsprechende Erfolge einstellen sollen.

Eine sehr bekannte, in der Bundesrepublik entwickelte Führungstechnik ist das Harzburger Modell von Reinhard Höhn. Es stellt ein geschlossenes System dar, dessen Zielsetzung in einer Verhaltensänderung der Mitarbeiter hin zu einer "Führung im Mitarbeiterverhältnis" besteht. Das Harzburger Modell beruht auf dem Grundprinzip einer möglichst weitgehenden Delegation von Aufgaben, Kompetenzen und

---

1) W. Küpper/H. Schulze, Führungstechniken, in: Handwörterbuch der Öffentlichen Betriebswirtschaft, Stuttgart 1989, Sp. 416.

Verantwortung. Dadurch sollen Initiative und Mitdenken der Mitarbeiter positiv beeinflußt werden.[1] Wesentliches Element dieses Modells ist die Aussage, jedem Mitarbeiter müßte ein seiner Position in der Hierarchie entsprechender Aufgabenbereich eingeräumt werden, welchen er selbständig und in eigener Verantwortung wahrzunehmen habe.

An jeder Stelle des Unternehmens bzw. der Behörde, so fordert Höhn, müßten die gestellte Aufgabe, die Weisungsbefugnis und die Verantwortlichkeit für das Ergebnis miteinander übereinstimmen.[2]
Der Vorgesetzte darf grundsätzlich nicht in den Aufgabenbereich seines Mitarbeiters eingreifen und dort keine Entscheidungen treffen.[3]
Die Anwendung des Harzburger Modells erfordert eine minuziös genaue Stellenbeschreibung, in welcher die Delegationsbereiche nach Aufgaben, Funktionen und Verantwortung festgelegt sind.
Weiterhin gehört dazu das sogenannte Mitarbeitergespräch, welches nur in Fällen stattfinden soll, in denen der Verantwortungsbereich des Mitarbeiters überschritten wird. Daneben existiert noch das sogenannte Dienstgespräch, das dann durchzuführen ist, wenn der Vorgesetzte Anweisungen oder Entscheidungen

---

1) Vgl. R. Höhn, Verwaltung heute. Autoritäre Führung oder modernes Management, Bad Harzburg 1970, S. 401.
2) C. Böhret/M.T. Junkers, Führungskonzepte für die öffentliche Verwaltung, Schriften des Deutschen Instituts für Urbanistik, Bd. 55, Stuttgart 1976, S. 66.
3) H. Kübler, Organisation und Führung in Behörden, Bd. 2, Personalwesen, 4. Aufl., Stuttgart 1980, S. 156.

höherer Ebenen seinen Mitarbeitern weiterzugeben hat.[1]

Die Kernaussagen des Modells werden durch eine ganze Reihe von Pflichten des Mitarbeiters und des Vorgesetzten ergänzt, deren Erfüllung durch verschiedene Sanktionen abgesichert ist.
Dieses Kontrollsystem äußert sich auch darin, daß für jeden Mitarbeiter ein Kontrollplan entwickelt werden soll, der aber geheim bleibt. Daneben ist die Führung einer Kontrollakte vorgesehen, in die dem Mitarbeiter Einsicht gewährt wird.[2]

Die Reaktionen auf dieses Modell sind sehr unterschiedlich, wobei jedoch die negativen Stellungnahmen deutlich überwiegen.

So wird dem Harzburger Modell vorgeworfen, es sei insbesondere durch die Perfektion der Stellenbeschreibung extrem formalistisch.[3]
Außerdem trage es durch sein aufwendiges Kontroll- und Durchsetzungssystem - wenn auch nur verdeckt - autoritäre Züge und zeichne sich durch eine recht mechanische Sichtweise der Verhältnisse und Mitarbeiter aus.[4]
Vor allen Dingen ist der Widerspruch offenkundig zwischen dem Anspruch des Modells, den autoritären Führungsstil abzulösen durch eine auf dem Prinzip der

---

1) Vgl. E. Laux, Managementmodelle für die öffentliche Verwaltung?, in: Deutsches Verwaltungsblatt, 87. Jg. (1972), S. 169.
2) E. Laux, Führung und Führungsorganisation in der öffentlichen Verwaltung, Stuttgart 1975, S. 68.
3) Vgl. C. Böhret/M.T. Junkers, Führungskonzepte für die öffentliche Verwaltung, a.a.O., S. 88 ff.
4) H. Kübler, Organisation und Führung in Behörden, a.a.O., S. 158 f.

Delegation beruhende "Führung im Mitarbeiterverhältnis" und der gleichzeitigen Propagierung eines engmaschigen Netzes von Pflichten und Handlungsanweisungen, welche die Entscheidungsfreiheiten des Mitarbeiters in über Routineaufgaben hinausgehende Belangen stark einschränken.

Diese Modell macht im übrigen so gut wie keine Aussagen über das Führungsverhalten, sondern nur über die Organisation von Führungsbeziehungen und die Möglichkeiten der Arbeitsteilung.
Insofern kann es auch als Endpunkt einer langen Entwicklung bürokratischer Organisationsformen angesehen werden.[1]
Dennoch hat gerade das Harzburger Modell dazu beigetragen, daß in Organisationen unterschiedlichster Art Fragen und Probleme der Führungsorganisation verstärkt ins Blickfeld traten und somit der Diskussion um Lösungsansätze in diesem Bereich Auftrieb gegeben haben.

Zu den bekanntesten Führungstechniken gehören auch die Management-by-Konzepte, allen voran Management-by-Objectives. (MbO). Hierbei handelt es sich nicht um einen einheitlichen, auf einen bestimmten Autor zurückgehenden Ansatz, sondern um eine Konzeption, die sich im Laufe der Zeit aus verschiedenen Arbeiten entwickelte.
Diese Modell zeichnet sich vor allem durch das dominierende Prinzip der Zielorientiertheit aus.
Die MbO-Konzeption stellt ein dynamisches, kybernetisches Managementsystem dar. Diese kommt vor allem dadurch zum Ausdruck, daß

---

1) H. Kübler, Organisation und Führung in Behörden, a.a.O., S. 159.

- jeder Mitarbeiter im Rahmen des ihm übertragenen Bereiches möglichst eigenverantwortlich handelt;
- insofern eine klare Ergebnisverantwortung und ein Handeln nach gemeinsam abgestimmten Zielen erreicht wird;
- regelmäßig die Soll-Ist-Abweichungen auf ihre Ursachen hin analysiert und durch entsprechende Verbesserungsmaßnahmen behoben werden.[1)]

Der Zyklus von Zielbildung, Zielverwirklichung, Kontrolle, Abweichungsanalyse bis zu eventueller Revision der Ziele wird auf allen Ebenen in der Organisation und für jeden Mitarbeiter periodisch wiederholt.
Die Zielvereinbarung bei MbO erfolgt in der Weise, daß zunächst vorläufige Oberziele gebildet werden, aus denen dann schrittweise für die darunterliegenden Ebenen Unterziele abgeleitet werden (Vorlauf). Jedoch erst nach Beendigung des Rücklaufs, bei dem die jeweiligen Mitarbeiter an der Zielformulierung intensiv beteiligt werden, finden Zielsetzungsentscheidungen statt. Der Einfluß eines Mitarbeiters auf die Zielbildung steigt mit zunehmender hierarchischer Stellung. Die Vereinbarung der Ziele erfolgt in einem kooperativ geführten Gespräch zwischen Vorgesetzten und Mitarbeiter.

Gegenüber dem Harzburger Modell ist hier der Mitarbeiter nicht nur ein Ausführungsorgan mit exakter Reglementierung seiner Handlungsspielräume, sondern er kann aktiven Einfluß auf die Inhalte der Arbeitsprozesse ausüben.

---

1) Vgl. J. Wild, MbO als Führungsmodell für die öffentliche Verwaltung, in: Die Verwaltung, Bd. 6 (1973), S. 287.

Diese Charakteristik verleiht MbO eine größere Offenheit und Dynamik, da die Zielgrößen durch ihren pluralistischen Entstehungsprozeß im Zeitablauf durchaus unterschiedlich ausgestaltet werden können. Durch die Partizipation bei der Zielbildung kann sich eine verstärkte Zielakzeptanz und daraus resultierend eine höhere Leistungsmotivation ergeben.

Auf der anderen Seite können jedoch auch gewisse Schwächen des Konzeptes nicht übersehen werden. Sie liegen u.a. in dem großen Zeit- und Formulierungsaufwand, welcher sich aus den Planungs- und Zielfindungsprozessen ergibt [1] ,sowie generell in der unzureichenden Operationalisierung der Aussagen, was insbesondere den Partizipationsaspekt betrifft.[2]
Ähnlich wie beim Harzburger Modell enthält MbO keine konkreten Aussagen zum Führungsverhalten, sondern stellt die organisatorische Ausgestaltung von Führungsbeziehungen in den Mittelpunkt der Betrachtungen.

Zu den Führungstechniken zählen neben entsprechend pragmatisch formulierten Konzepten auch die Führungsgrundsätze, d.h. jene schriftlich fixierten Regeln, die die Einheitlichkeit und Konsequenz des Personalführungskonzepts einer Organisation sichern sollen.[3]

Führungsgrundsätze verfolgen neben dem Globalziel einer Effizienzsteigerung der Organisation insbesondere eine Beschreibung der Vorgesetzten- und Mitarbeiterrolle mit dem Ziel einer Normierung von

---

1) Vgl. H. Kübler, Organisation und Führung in Behörden, a.a.O., S. 164.
2) J. Hentze/P. Brose, Personalführungslehre, a.a.O., S. 222.
3) J. Hentze/P. Brose, Personalführungslehre, a.a.O., S. 223.

generellen Verhaltensweisen. Durch die schriftliche Fixierung und Aushändigung an alle Mitarbeiter soll gleichzeitig die Transparenz im Führungsbereich erhöht werden. Daneben steht oftmals noch der Wunsch der Organisationsleitung nach verstärkter Integration und Motivation des Personals sowie nach Vermittlung des gewünschten Selbstbildes sowohl nach innen als auch gegenüber der Organisationsumwelt.
In besonderem Maße werden von solchen Richtlinien zwangsläufig die Vorgesetzten angesprochen.
So heißt es an erster Stelle in den Führungsgrundsätzen der Volkswagen AG u.a.: "Aufgabe des Vorgesetzten ist es, seine Mitarbeiter

- für die von ihnen wahrzunehmenden Aufgaben anzuleiten sowie ihre berufliche Leistungsfähigkeit zu erhalten und zu verbessern,
- zu selbständigem Arbeiten, sachlichem Zusammenarbeiten und - soweit Führungsaufgaben wahrzunehmen sind - zu kooperativem Führen anzuhalten."[1]

Führungsgrundsätze, so wird angenommen, stellen eine Entlastungsfunktion für die Vorgesetzten dar, weil diese so eine gemeinsame Grundlage und Legitimation ihres dienstlichen Verhaltens haben.[2]
Dennoch wird durch sie gleichzeitig auch das Ambivalente der Stellung dieses Personenkreises deutlich: einerseits wird an die Führungskräfte als an die wichtigsten Umsetzer und Gestalter der gewünschten Organisationsprinzipien und -leistungen appelliert, andererseits werden ihnen jedoch teilweise relativ vollständig ihre Verhaltensweisen vorgeschrieben.

---

1) Führungsgrundsätze der Volkswagen AG v. 3.5.1983, S. 6.
2) Vgl. J. Franke/T.M. Kühlmann, Führungsgrundsätze - Sind sie Pflichtübung oder echte Hilfe?, in: io Management-Zeitschrift, 55. Jg. Heft 2 (1986), S. 81.

Ob Führungsrichtlinien bei der Lösung realer Führungsaufgaben tatsächlich eine Hilfe darstellen, kann bezweifelt werden.[1]

Am Schluß dieses Überblickes über die wichtigsten Techniken und Ansätze der Personalführung stellt sich die Frage nach dem generellen Erkenntnisinteresse dieser Literatur.
Wird das vorliegende Material unter diesem Aspekt betrachtet, so fällt auf, daß es kaum Beiträge gibt, in denen nicht mehr oder weniger deutlich der Instrumentalcharakter sichtbar wird.[2]
Zwar wird in vielen Fällen neben der bestmöglichen Realisierung der Organisationsziele auch die Zufriedenheit der Mitarbeiter als eigenständiges Ziel betont, doch erweist sich bei näherer Betrachtung der Gesamtkonzeptionen dies üblicherweise als ein Zwischenziel, das dem Effizienzprimat untergeordnet ist.
Im Vordergrund steht das Bemühen, sowohl theoretisch die Einflußmöglichkeiten der Geführten zu analysieren als auch teilweise sehr konkret Handlungsempfehlungen für Führungskräfte zu geben.
Es ist zu fragen, ob diese eindimensionale Betrachtungsweise nicht einer Ergänzung bedarf.
So ist die Möglichkeit einer Realisierung des eigenen Leistungs- und Interessenpotentials ein Anreizfaktor erster Ordnung. Diesen Aspekt nicht nur instrumentell, sondern gleichgewichtet neben dem Effizienzkriterium zu betrachten, könnte zu einer Bereicherung der Diskussion sowie unter bestimmten Organisationsbedingungen zu einem höheren

---

1) Vgl. R. Wunderer/W. Grunwald, Führungslehre, Bd. 1, a.a.O., S. 440.
2) Eine Ausnahme bildet hier K. Türk, Personalführung und soziale Kontrolle, a.a.O., S. 54 ff.

Erfüllungsgrad der vorgegebenen wie der individuellen Ziele führen.

Grundsätzlich bedürfen Führungsansätze einer Differenzierung hinsichtlich des sie betreffenden Personenkreises. Deren Wertestruktur und Selbstbild muß als konstitutiver Faktor mit in die Ansätze eingehen. In solchen Fällen werden jedoch die Konstruktionsprobleme dieser Ansätze besonders deutlich.[1]) Bezogen auf die Berufsgruppe der Beratungskräfte erfordert dies eine Ausgestaltung, die ein Maximum an Selbstbestimmtheit verbindet mit einem Steuerungsinstrumentarium, das abgestimmt ist auf die Interessen und Orientierungen der Bezugsgruppe und dadurch entsprechende Akzeptanz erfährt.

---

1) Vgl. W. Küpper/H. Schulze, Führungstechniken, a.a.O., Sp. 419.

8.5 Führung und Identität

Neben der Fülle der herrschenden Führungskonzepte, von denen einige im vorangegangenen Punkt kurz skizziert wurden, existieren auch Betrachtungsweisen, die sich nicht primär an den Organisationszielen ausrichten, wie der organisationstheoretische Ansatz der Mikropolitik, bei dem subjektive, informelle und polyzentrische Aktionen in den Vordergrund gestellt werden.
Neuberger versteht dabei unter Mikropolitik jene alltäglichen Techniken, durch die Macht geschaffen und eingesetzt wird, um den eigenen Handlungsspielraum zu erweitern und sich fremder Kontrolle zu entziehen.[1)]
Dies führt zu Erscheinungen wie Interessenvielfalt und Anarchie von Entscheidungsprozessen, bei denen Rationalitätskriterien nur scheinbar im Vordergrund stehen.[2)]
Zugleich findet auf diesem Wege eine gegenseitige Einflußnahme statt, deren jeweiliges Potential der Relevanz der kontrollierten Unsicherheitszone für die Handlungsfähigkeit anderer Akteure entspricht.[3)]

Mikropolitik verstanden als individuelle Interessenpolitik kann für die Leistungsfähigkeit einer Organisation dann positive Beiträge liefern, wenn die Mitarbeiter ihre Aufgabenerfüllung als wesentlichen

---

1) O. Neuberger, Mikropolitik und Unternehmenskultur, in: Personalführung, Heft 11, (1989), S. 1038.
2) Vgl. A. Becker/W. Küpper/G. Ortmann, Revision der Rationalität, in: W. Küpper/G. Ortmann (Hrsg.), Mikropolitik, Rationalität, Macht und Spiele in Organisationen, Opladen 1988, S. 96.
3) Vgl. W. Küpper/G. Ortmann, Mikropolitik in Organisationen, in: Die Betriebswirtschaft, 46. Jg. Heft 5 (1986), S. 593.

Beitrag zur Verwirklichung individueller Ziele ansehen.
Eine bürokratisch strukturierte Organisation wird erst durch situationsspezifische Interpretation und aktuelle Komplettierung der Regeln voll funktionsfähig. Den Beweis dafür bildet die Existenz der Streikform "Dienst nach Vorschrift".
Auch der von Crozier beschriebene "Circulus vitiosus der Bürokratie", nach dem auf mangelhafte Effizienz mit einer Verdichtung des Regelgeflechtes reagiert wird, was das Ausgangsproblem nur noch verschärft, belegt die Unfähigkeit derartiger Organisationsstrukturen, selbstinitiierte, von der Hierarchiespitze gesteuerte Problemlösungsstrukturen zu entwickeln.[1]
Eine andere Richtung stellt die spezifischen Bedürfnisse und Identitätswünsche der in der Organisation Tätigen in den Vordergrund.
Sie diskutiert Führung auf der Grundlage eines anthropologischen Menschenbildes, das von der subjektiven Instanz des seine Realität konstruierenden Menschen ausgeht.[2]

Befürworter dieser Richtung, wie beispielsweise Weinert, kritisieren in diesem Zusammenhang die mangelnde Sensibilität gegenüber Erwartungen und Zielsetzungen der Mitarbeiter.[3] Die Diskrepanz zwischen individueller Zielsetzung der Mitarbeiter und erwarteter Rollenkonformität sei dysfunktional. Organisationsmitglieder würden auf Rollen festgelegt,

---

1) Vgl. M. Crozier, Der bürokratische Circulus vitiosus und das Problem des Wandels, in: R. Mayntz (Hrsg.), Bürokratische Organisationen, a.a.O., S. 277 ff.
2) W. R. Müller, Identität und Führung, in: A. Kieser u.a. (Hrsg.), Handwörterbuch der Führung, a.a.O., Sp. 1097.
3) Vgl. A. Weinert, Mensch und Organisation, in: Zeitschrift für Organisation, Heft 4 (1985), S. 234.

die keinen Interpretationsspielraum ließen und nicht ihren Bedürfnissen entsprächen.
Diese Zwangssituation ist laut Preglau verantwortlich für den schließlichen Verlust der eigenen "Identitätsbalance" und damit von Frustration, Rollensegregation und Rückzug in private Identifikationsfelder.[1]

Auch Veränderungen der Organisationsstruktur hinsichtlich von mehr Partizipation, Handlungs- und Entscheidungsfreiheit, der Einführung von MbO oder autonomen Arbeitsgruppen seien zwar grundsätzlich bei der Suche des Mitarbeiters nach Verwirklichung seiner individuellen Ziele ein Gewinn, reichten aber für eine optimale Bedürfnisbefriedigung des arbeitenden Menschen nicht aus. Weinert spricht in diesem Zusammenhang von Standardmethoden, welche auf den Grundannahmen basieren, es gäbe eine grundsätzliche Möglichkeit des Zusammenpassens jeder Organisation mit jeder Person.[2]

Der identitätsorientierte Ansatz basiert nun auf der Annahme einer Suche des Individuums nach Identität. Dieser Selbstfindungsprozeß kann unterteilt werden in
- Erfahrung von Wirkungsfeldern, d.h. einer Umwelt, in der Veränderungen möglich sind und die dazu herausfordert,
- Erfahrung von Wirkungen als Resultate des Gestaltens, Veränderns und Beeinflussens und
- Erfahrung von Ursächlichkeit, also des Gefühls, nicht passiv unbeeinflussbaren Umweltfeldern ausgesetzt zu sein, sondern

1) Vgl. M. Preglau, Organisation, Führung und Identität, in: J. Morel/T. Meleghy/M. Preglau (Hrsg.), Führungsforschung, Göttingen 1980, S. 155.
2) A.B. Weinert, Mensch und Organisation, a.a.O., S. 236.

eigenständig Ereignisse auszulösen oder zu bewirken.[1]

So erfährt der Mensch durch Beobachtung seiner Umwelt, durch aktives Eingreifen in reales Geschehen und durch das Erleben von Reaktionen auf das eigene Handeln seine Möglichkeiten, Talente und Kräfte. Durch das sich so klärende Bild seiner Umwelt wird gleichzeitig sein Platz in diesem komplexen Gefüge deutlich.

Dieses Finden eines Selbstkonzeptes als organisierte Struktur der Selbstwahrnehmung vollzieht sich im Rahmen permanenter Interaktionen allmählich.[2] Bei Berufsanfängern noch wenig stabil, erfährt es im Zuge neuer Umwelten und neuer Eindrücke nach eventuellen Modifikationen eine stärkere Prägung und Etablierung. Für den jeweils erreichten Entwicklungsgrad dieses Konzeptes sind weitgehend die erlebten Handlungsfreiheiten bzw. Handlungszwänge maßgebend.[3]

Ein etabliertes Selbstkonzept bzw. die Fähigkeit, selbstentwickelten Grundprinzipien zu folgen, ist von hoher individueller und sozialer Bedeutung.

Für den einzelnen hat eine bewußt identitätsorientierte Haltung eine Stabilisierungsfunktion in den verschiedenen Umweltsituationen; sie kann außerdem widersprüchlichen Erfahrungen und Realitäten einen Sinnzusammenhang unterlegen.

---

1) Vgl. W.R. Müller, Führung und Identität, a.a.O., S. 112.
2) A.B. Weinert, Mensch und Organisation, a.a.O., S. 239.
3) Vgl. M. Preglau, Organisation, Führung und Identität, in: J. Morel/T. Meleghy/M. Preglau (Hrsg.), Führungsforschung, a.a.O., S. 142.

Weiterhin ermöglicht ein ausgeprägtes Selbstkonzept die Lösung von Intrarollenkonflikten, da es gewissermaßen ein internalisiertes Auswahlprinzip darstellt. Eine rein konformistische Grundhaltung, die in diesen Fällen keine Lösungsmuster bereithielte, könnte zum Scheitern des Individuums in solchen Situationen führen.

Grundsatzorientiertes, selbstverantwortetes Handeln ist darüberhinaus eine Grundbedingung für flexible Anpassung an veränderte gesellschaftliche Bedingungen, ohne daß durch neue Situationsbezüge die Stabilität der Persönlichkeit negativ tangiert würde.[1)]

Die Bedeutung einer identitätsbezogenen Haltung für soziale Systeme ergibt sich ebenfalls aus der daraus resultierenden Stabilisierungs- und Integrationsfunktion für das Individuum.
Verläßt sich eine Organisation ausschließlich auf standardisierte Tätigkeitsbeschreibungen, so führt dies tendenziell zu Instabilität, Friktionen und fördert Umgehungsstrategien.[2)]
Insofern erhalten formal geregelte Organisationen nur teilweise eine aus ihrer Existenz und ihren

---

1) Vgl. M. Preglau, Organisation, Führung und Identität, in: J. Morel/T. Meleghy/M. Preglau (Hrsg.), Führungsforschung, a.a.O., S. 144.
2) Vgl. A.B. Weinert, Mensch und Organisation, a.a.O., S. 234.

Handlungen heraus begründete funktionale Stabilität.[1]

Sie sind angewiesen auf nicht mehr normierbares, identitätsorientiertes Innovationspotential und Spontanität, um Dysfunktionalität sowie auch Konflikte mit den Klienten zu vermeiden.[2]

Identitätsorientiertes Handeln übt weiterhin eine besondere Funktion bei Intra- und Interrollenkonflikten aus.[3]
Es vermag gerade durch die Orientierung an dieser Leitlinie widersprüchliches Rollenverhalten zu überwinden und schafft ein hohes Maß an persönlicher Kontinuität und Berechenbarkeit. Die so geschaffene Transparenz wirkt klärend und insgesamt friktionsmindernd auf den Kreis der persönlichen Interaktionspartner.

Identitätsbezogenem Verhalten in Organisationen stellen sich eine Fülle von Restriktionen entgegen. Sie sind jedoch nur teilweise in der schon erwähnten grundsätzlichen Inkompatibilität von individuellen Zielen und den Zielen der Organisation begründet. Eine Zielkonkurrenz dieser Art ist weitgehend von der strukturellen Situation des Arbeitsfeldes abhängig .
Das Maß an Zielerreichung im Bereich der tätigkeitsbezogenen Identitätsfindung wird strukturell weitgehend determiniert von dem Rang innerhalb einer Organisationshierarchie, auf dem sich der einzelne

---

1) Vgl. N. Luhmann, Funktion und Folgen formaler Organisationen, a.a.O., S. 134.
2) Vgl. L. Krappmann, Soziologische Dimensionen der Identität, a.a.O., S. 55.
3) M. Preglau, Organisation, Führung und Identität, in: J. Morel u.a. (Hrsg.), Führungsforschung, a.a.O., S. 143.

befindet, sowie von dem jeweiligen Grad der Determiniertheit der Arbeitsvollzüge, beispielsweise durch Technikeinsatz.

Auf der personalen Ebene ist das Ausmaß an Selbstverwirklichungsprozessen in erster Linie abhängig vom Verhalten des unmittelbaren Vorgesetzten und dessen Interpretation seiner Führungsrolle.
Die in der Führungsfunktionen angelegte Ambivalenz von Realisierung der erwarteten Arbeitsleistung sowie gleichzeitiger Pflege kooperativer Beziehungen zu den Mitarbeitern scheint hier ein strukturelles Problem aufzuwerfen. Müller bezeichnet in diesem Zusammenhang die Trennung von "fordernder" und "gewährender" Führung aus identitätsbezogener Sicht als problematisch.[1])
Diese Problematik ist in den herrschenden Führungsphilosophien begründet, die auf den individuellen Einsatz für die Organisationsziele mit speziell abgestuften Belohnungen reagieren.
So wird der Mitarbeiter einer hochgradig fremdbestimmten Umwelt unterworfen, die ihn mit Anforderungen konkreter oder auch subtiler Art konfrontiert und ihm gleichzeitig extern verfaßte Anreize und Belohnungen in Aussicht stellt.
Hier ist die Identitätssuche in doppelter Weise erschwert: zum einen werden von dem Mitarbeiter Handlungen und Verhaltensweisen gefordert, die keinen Bezug zu dem eigenen Selbstkonzept aufweisen, zum anderen ist auch das Belohnungssystem für den Verzicht auf identitätsorientiertes Streben zwar mit dem Zielsystem der Organisation konform, nicht aber dem eigenen. Psychischer Einsatz wird nicht intrapersonell

---

1) W.R. Müller, Führung und Identität, a.a.O., S. 147.

durch psychischen Ertrag abgegolten, sondern durch eine interpersonelle Austauschbeziehung.[1]
Führung dieser Art kann bestenfalls Motivation zur Konformität erzeugen, zum Einfügen und "Funktionieren" in weitgehend vorstrukturierte Arbeitsprozesse.
Insbesondere in Bereichen einer nicht normierbaren und nicht kontrollierbaren Tätigkeit zeigt sich besonders deutlich ihre Unangemessenheit.

Alternative Führungsformen sollten insoweit der Identitätssuche in der Arbeitswelt mehr Beachtung schenken. Preglau fordert aus diesem Grunde eine entsprechende Theorie, die über den Bereich Führung hinausgeht und die Organisation in ihrer Gesamtheit betrifft. Gleichzeitig soll diese Theorie komplex genug sein, um dem Problem der individuellen Identitätsbalance gerecht zu werden sowie entsprechende Störungen diagnostizieren zu können.[2] Bei einer Betrachtung solcher weitreichenden Empfehlungen unter Implementationsgesichtspunkten werden erhebliche, sich hier ergebende Probleme deutlich.
Diese liegen neben den Fragen einer unternehmensspezifischen Konkretisierung und des zu erwartenden Änderungswiderstandes, insbesondere von Führungskräften, vor allem in dem nach tradierten Führungsverständnis herrschenden Primat der Organisationsziele.

Dennoch kann der Vorgesetzte je nach dem Grad seiner Freiräume sowie der Tätigkeitsstruktur der Mitarbeiter einen mehr oder weniger konkreten Beitrag

---

1) W.R. Müller, Führung und Identität, a.a.O., S. 148.
2) M. Preglau, Organisation, Führung und Identität, in: J. Morel u.a. (Hrsg.), Führungsforschung, a.a.O., S. 166 f.

zur Selbstfindung im Rahmen der Berufsausübung leisten. Umgekehrt kann ein anweisungs- und kontrollorientiertes Führungsverhalten bekannterweise gerade die "Unselbständigkeit" und "Unfähigkeit" initiieren, mit deren Existenz es legitimiert wird.
Eine Führungskraft hat darauf hinzuwirken, daß der Mitarbeiter seine Tätigkeit durch das Erleben von Freiräumen und selbstgeschaffenen Wirkungen als identitätsfördernd erlebt und sich das hieraus resultierende Motivationspotential gleichzeitig als möglichst effektiver Beitrag zur Realisierung der Unternehmensziele erweist. Gleichzeitig ist der Vorgesetzte für die Vermittlung des Bildes verantwortlich, welches in der Organisation hinsichtlich des einzelnen Arbeitnehmers besteht.
Bei dieser Vermittlung von Feedback wäre eine Reduzierung auf die Beschreibung des Ausführungsgrades der ihm übertragenen Tätigkeiten im Sinne einer identitätsorientierten Führung eine unzulässige Verkürzung. Der um Eigenständigkeit und Identität bemühte Mitarbeiter hat auch einen Anspruch auf Reflexion der von ihm ausgehenden persönlichen Wirkung, um sie dem Selbstbild gegenüberstellen zu können und so einen Beitrag zur Identitätsfindung zu erhalten.
Bei der Vermittlung eines negativen Fremdbildes (z.B. bei der Eröffnung von Beurteilungen) ist von seiten des Vorgesetzten besondere Sensibilität erforderlich, damit bei den Betroffenen keine Festschreibung negativer Attribute erfolgt.

Letztlich sollte stets bedacht werden, daß der Vorgesetzte generell im Arbeitsalltag ein wesentlicher Orientierungspunkt und Einflußfaktor ist.

Seine persönliche Einschätzbarkeit und Eindeutigkeit sowie die Fähigkeit, die jeweiligen Mitarbeiter in ihrer Individualität zu akzeptieren und zu fördern und einen positiven Beziehungsrahmen innerhalb einer Leistungseinheit zu schaffen, entscheidet maßgeblich über den wahrgenommenen Gestaltungsspielraum.
Das Selbstkonzept der Führungskraft ist bei dem identitätsorientierten Ansatz fraglos von genau der gleichen Bedeutung wie das des Mitarbeiters.

Die hier beschriebenen führungsrelevanten Überlegungen enthalten auf den ersten Blick wenig Neues. Der Einfluß von Vorgesetztenverhalten und Arbeitsumfeld ist seit langem bekannt. Auch die sich hieraus konkretisierenden Handlungs- und Gestaltungsempfehlungen stellen keine Novität dar.
Wirklich neu an diesem Ansatz ist das konsequente Ausrichten an dem zentralen Element der Identitätssuche des einzelnen. Hier wird eines der stärksten und differenziertesten menschlichen Bedürfnisse in den Mittelpunkt einer Theorie gestellt, welche auf die Beschreibung optimaler Formen der Einbindung des Menschen in arbeitsteilige Prozesse abzielt.
Dieses Konzept wertet den so häufig negierten oder manipulierten individuellen Suchprozeß auf; es ordnet ihn nicht instrumentell zu, sondern läßt dessen Vollzug auch als optimal im Sinne der Zielerreichung einer Organisation erscheinen.

9. Führung in der öffentlichen Verwaltung

Führung in der öffentlichen Verwaltung wird determiniert von bestimmten Restriktionen, die sich aus den rechtlichen und organisatorischen Besonderheiten ergeben, welche ungebundene Wirtschaftssubjekte nicht kennen.

Rechtlich ist das Verhältnis zwischen Vorgesetztem und Mitarbeiter grundlegend u.a. im § 55 des Bundesbeamtengesetzes (BBG) beschrieben. Dort heißt es, daß der Beamte verpflichtet ist, die von seinen Vorgesetzten erlassenen Anordnungen auszuführen und ihre allgemeinen Richtlinien zu befolgen.

Die Führung in der öffentlichen Verwaltung wird insgesamt einiger Flexibilität und Möglichkeiten der Leistungsanreize durch das tradierten Bahnen folgende Dienstrecht beraubt.

Auch der Bericht der Studienkommission für eine Reform des öffentlichen Dienstrechts bescheinigt diesem System: "tendenziell mehr auf Sicherheit und Kontinuität als auf Wettbewerb, Risiko und Mobilität" angelegt zu sein. Nach Meinung der Kommission kann das Dienstrecht aus sich heraus der Leistungs- und Innovationsbereitschaft keine stimulierenden Impulse vermitteln.[1)]

Insbesondere das Bezahlungssystem im öffentlichen Dienst erweist sich im Vergleich zu entsprechenden Systemen in der freien Wirtschaft als relativ starr und formal. Leistungsanreize können nur durch die Übertragung höherbewerteter Dienstposten geschaffen werden.

---

1) H. Siedentopf, Erneuerung von Verwaltungsführung und Personalsteuerung, in: C. Böhret u.a. (Hrsg.), Herausforderungen an die Innovationskraft der Verwaltung, Opladen 1987, S. 610.

Neben dieser auf das Innenverhältnis wirkenden Bindungen ist die öffentliche Verwaltung nach außen gebunden durch die verfassungsgemäße Gesetzesanwendung als ihr übertragene Aufgabe.
Auf der öffentlichen Verwaltung lastet das Problem der Integration von politischen Konzepten und heterogenen gesellschaftlichen Vorstellungen.
Da sie per gesetzlichem Auftrag für eine Fülle von Bereichen zuständig ist, hat sie Handlungsmuster und -strategien für verschiedenste, mit ihr korrespondierende Umwelten bereitzustellen. Privatwirtschaftliche Unternehmen können da weitaus eher homogene Organisationsstrukturen auch im Führungsbereich entwickeln. Die öffentliche Verwaltung dagegen kann sich Aufgaben mit ihren Sachzwängen nicht entziehen und die Globalziele ihrer Aktivitäten nicht eigenständig planen.

Neben diesen Einflußfaktoren durch gesetzliche Bindungen wird Führung in der Verwaltung noch in hohem Maße durch Organisationsstruktur und Selbstverständnis bestimmt.
Als Anpassung an komplexer werdende Aufgabenstrukturen und vielfältigere gesetzliche Regelvorgaben weitete sich das Prinzip der Aufgabenparzellierung ständig aus. So sind die ausführenden Bediensteten häufig nur für bestimmte, gesetzlich genau definierte Aufgaben zuständig, die in einem solchen Ausmaß konditioniert sind, daß aktives Führungsverhalten des Vorgesetzten kaum notwendig wird.[1]

---

1) Vgl. H. Klages, Grenzen der Organisierbarkeit von Verwaltungsorganisationen, in: A. Remer (Hrsg.), Verwaltungsführung, Berlin, New York 1982, S. 212 f.

An dieser Tatsache wird ein Führungsprinzip der Verwaltung deutlich: Mitarbeiterbeeinflussung durch Organisation.
Die Personalführungssituation hier entspricht der u.a. von Türk vertretenen These, nach welcher der Personalführungsbedarf mit zunehmender Organisationsgröße abnimmt.[1]

Dem traditionellen Selbstverständnis der Verwaltung als Legalität sichernde Umsetzungsinstanz politischer Entscheidungen entspricht das sich aufgrund dieser Auffassung entwickelte Prinzip einer hohen Regeldichte und somit weitgehender Programmierung der Arbeitsergebnisse.
Durch eine solche Versachlichung der Aufgabenerledigung beschränken sich die Vorgesetztenaktivitäten in der Regel auf Beratung und Kontrolle des Mitarbeiters in Fragen der Subsumierung von Einzelfällen unter die relevanten rechtlichen Bestimmungen.
Dem ausführenden Personal kommt insoweit nur der Status einer möglichst exakt berechenbaren Realisierungsinstitution zu.

Nach dieser Sichtweise ergibt sich die notwendige Arbeitshaltung und Motivation aus der spezifischen Gestaltung der Beschäftigungsverhältnisse im öffentlichen Dienst. Das Bemühen um Kontinuität wird bei der Rekrutierung entsprechend geeigneter Bewerber, einer Ausbildung, die neben der Vermittlung entsprechender Rechtskenntnisse eindeutig auch Sozialisationsabsichten verfolgt, sowie eines Dienstrechtes,

---

1) K. Türk, Personalführung und soziale Kontrolle, a.a.O., S. 147.

das sich am Sicherheit bietenden Alimentationsprinzip orientiert, deutlich.[1]
Soweit es sich bei den Aufgaben der Verwaltung um gesetzlich eindeutig normierte Arbeiten handelt, fallen die Schwächen dieses skizzierten Handlungsbildes nicht so drastisch ins Auge.

Bei der Ausführung von persönlichen Dienstleistungen dagegen, bespielsweise in der Sozialverwaltung mit einer Fülle nicht normierbarer Ermessens- und Verhaltensspielräume, verliert dieses Konzept die Übereinstimmung mit der Realität. Hier wirkt sich die Überregulierung destruktiv auf die Arbeitsergebnisse und demotivierend auf die Mitarbeiter aus.
Dieser Mangel ist besonders gravierend angesichts der in bestimmten (insbesondere sozialen) Bereichen ständig zunehmenden Ansprüche und Abhängigkeiten.

Global ausgedrückt fehlt der Verwaltung ein adäquates Anreizsystem. Das Bewußtsein der Zugehörigkeit zu einer staatstragenden, hoheitliche Aufgaben verrichtenden Berufsgruppe mit einer besonderen Bindung an den Dienstherren ist in Zeiten des häufig zitierten Wertewandels[2] kein ausreichendes Äquivalent mehr für die Möglichkeit einer zumindest partiellen Verwirklichung der eigenen Person durch entsprechende Leistungsmöglichkeiten.

Das Anreizsystem privater Unternehmen dagegen ist völlig anders gestaltet und auf einem höheren

---

1) R. Koch, Führung in der Verwaltung, in: Die Betriebswirtschaft, 46. Jg. Heft 1 (1986), S. 47.
2) Vgl. G. Schanz, Wertewandel als personalpolitisches Problem, Teil 1: Wertewandel und Arbeitsorientierung, in: Wirtschaftswissenschaftliches Studium, 14. Jg. Heft 11 (1985), S. 559 ff.

Entwicklungsstand. Schon in der Vergangenheit hatte sich dort die Überzeugung durchgesetzt, Leistungen müßten durch entsprechende Gegenleistungen abgegolten werden. Damals waren es in der Regel materielle Anreize.

In der Gegenwart gibt es deutliche Entwicklungen über diese Stufe hinaus. So fordert ein aktuelles Motivierungskonzept, dem Mitarbeiter müßte eine breite Handlungspalette sowie Unterstützung zur Umsetzung seiner Kreativität gegeben werden.
Daneben seien die organisatorischen Rahmenbedingungen mit von ausschlaggebender Bedeutung, wenn es um die Erbringung von Spitzenleistungen gehe.
Beispielhaft hierfür werden bestimmte, besonders erfolgreiche amerikanische Firmen genannt, deren Unternehmenskultur sich stimulierend und integrierend auf die Mitarbeiter auswirke.[1)]

In der öffentlichen Verwaltung dagegen hat der Umgang mit dem "Produktionsfaktor" Mensch bisher weitgehend mechanistische Züge. Personal wird nach den gleichen Regel- und Vorschriftensystem verwaltet wie Sachgüter. Es fehlt gemeinhin die Einsicht in die Notwendigkeit eines speziellen Umgangs mit dieser Ressource. Das Bewußtsein dafür, daß es bei weitem das teuerste, empfindlichste, am schwersten zu handhabende und zu reproduzierende Gut ist, hat sich erst in Ansätzen entwickelt.[2)]

---

1) Vgl. R. Eilsberger, Was könnte die öffentliche Verwaltung vom Management amerikanischer Top-Firmen lernen?, in: Verwaltungsführung, Organisation, Personal, Heft 3 (1985), S. 137 ff.
2) G. Banner, Personal- und Organisationspolitik - was geschieht ohne Dienstrechtsreform?, KGSt Mitteilungen, Sonderdruck, Febr. 1981, S. 2.

So messen Vorgesetzte der Erledigung von Fachaufgaben häufig wesentlich höhere Bedeutung bei als der Beschäftigung mit den Mitarbeitern, und dieses nicht nur aus Gründen der Arbeitskapazität, sondern auch aufgrund ihrer Interessenstruktur.

Ein Beispiel dafür, wie vor einem solchen Hintergrund ein potentielles Instrument der Mitarbeiterführung nicht verstanden und genutzt wird, bildet die Personalbeurteilung. Hier besteht eindeutig die Tendenz, entsprechende Aussagen zu "schönen" oder sehr allgemein und nichtssagend zu formulieren.
So ist der Vorgesetzte dem Aufwand und den möglicherweise auch für ihn unangenehmen Konsequenzen einer negativen Aussage über einen Mitarbeiter enthoben.[1] Solche häufig verzerrten Darstellungen verlieren ihre Funktion als Hilfsmittel für Personalsteuerungsentscheidungen.
Darüber hinaus können sie Wirkungen als Führungs- und Kommunikationsmittel gar nicht erst entfalten.
Dieses ist deshalb besonders bedauerlich, weil so auf ein Instrument verzichtet wird, das in der öffentlichen Verwaltung dem einzelnen zugleich Anreize zur Realisierung bestimmter anvisierter Ziele als auch Transparenz hinsichtlich seiner Position und Entfaltungsmöglichkeiten in der Organisation hätte geben können.

Es kann behauptet werden, daß nicht ein zu autoritärer Führungsstil im allgemeinen die Verwaltungsangehörigen in der Entfaltung ihres Leistungspotentials hindert, sondern die Tatsache der Nichtführung.

---

1) Vgl. R. Wunderer/W. Grunwald/P. Moldenhauer, BAKöV-Werkpapiere, Personalbeurteilung als Führungsmittel, Nr. 6, Juni 1979, S. 41.

Dieses Zurückschrecken vor einem aktiven Beschäftigen mit Fragen des mitarbeiterbezogenen Verhaltens resultiert aus Unsicherheit hinsichtlich eines offensiven Führungsverhaltens sowie aus der bereits erwähnten Tendenz der Versachlichung und Formalisierung von Beziehungen innerhalb der Verwaltung. So erklärt sich die oft zu verzeichnende Kontaktarmut zwischen Vorgesetztem und Mitarbeiter, welche zu Kontaktscheu und Berührungsangst ausarten kann.

Nicht nur hinsichtlich des Beurteilungsverhaltens, sondern auch generell lassen sich in Verwaltungen stark defensiv-absichernde Haltungen beobachten. Zu ihnen gehören das Bemühen um Beförderung und der dafür als notwendig erachteten Konformität, die Abschirmung gegen das Leistungsprinzip sowie gegen Übernahme von Verantwortung.[1]
Mit dieser verwaltungsimmanenten Binnenstruktur korrespondiert die weite Verbreitung eines bestimmten Mitarbeitertypus. Er wird beschrieben als:
- wenig auffällig,
- nicht besonders engagiert,
- seine Arbeit verrichtend,
- durchschnittlich,
- zuweilen enttäuscht,
- sich des sicheren Arbeitsplatzes bewußt,
- mit wenig Identifikation für den öffentlichen Dienst ausgestattet.[2]

1) Vgl. G. Banner, Unterwegs zu einer intensiven Verwaltungskultur?, in: C. Böhret u.a. (Hrsg.), Planung in öffentlicher Hand, Opladen 1977, S. 81.
2) H. Klages, Motivierung zur Leistung als Innovationsaufgabe der öffentlichen Verwaltung - Zwanzig Thesen, in: C. Böhret u.a. (Hrsg.), Herausforderungen an die Innovationskraft der Verwaltung, a.a.O., S. 343.

Bei einer Beschäftigung mit den Gründen für diese gewisse Zurückhaltung und Ängstlichkeit treten vor allem zwei Erklärungen in den Vordergrund.
Zum einen ist es das zur Überregulierung neigende Organisationssystem, das durch seine zahlreichen Vorgaben die Entwicklung von Eigeninitiative und neuen Lösungsansätzen zur Ausfüllung organisatorischer Freiräume nicht fördert.[1]
Zum anderen wird durch dieses komplexe Regelgeflecht Unsicherheit bei den Verwaltungsangehörigen hinsichtlich der fehlerfreien Beherrschung der Vorgaben erzeugt. Wie eine in Hamburg durchgeführte Befragung zeigte, können nahezu 50% der Mitarbeiter in Verwaltungen die für ihre eigene Tätigkeit maßgeblichen rechtlichen Grundlagen nicht mehr voll überschauen.[2] Wo dieses jedoch der Fall ist, entwickeln sich Tendenzen der Absicherung und Zurückhaltung.

Diese erhöhte Konzentration der Verwaltung auf die ihr eigenen Besonderheiten hat zwangsläufig einen verschlechterten Wirkungsgrad hinsichtlich der ihr übertragenen Aufgaben zur Folge. Daneben mindert diese nach innen gerichtete Orientierung ihre Sensibilität gegenüber neu entstehenden Problemen und Aufgaben ihrer Umwelt.

Wenn wie in der Gegenwart die Anforderungen an die Verwaltung zunehmen, so reagiert sie durchaus systemkonform mit dem Ruf nach mehr Personal sowie

---

1) Vgl. H. Bosetzky/P. Heinrich, Mensch und Organisation, a.a.O., S. 44 f.
2) H, Klages, Motivierung zur Leistung als Innovationsaufgabe der öffentlichen Verwaltung - Zwanzig Thesen, in: C. Böhret u.a. (Hrsg.), Herausforderungen an die Innovationskraft der Verwaltung, a.a.O., S. 347.

einer Zunahme und Präzisierung der organisatorischen Regelungen. So soll durch mehr Feinsteuerung zielkonformes Verwaltungshandeln realisiert werden.
Da sich Personalmehrungen in der öffentlichen Verwaltung angesichts der Knappheit an finanziellen Mitteln kaum mehr realisieren lassen und eine Zunahme der Verrechtlichung tendenziell dysfunktional auf die Leistungsfähigkeit wirkt, vergrößert sich häufig das Mißverhältnis zwischen Anspruch und Realität.

Dieses ist besonders beklagenswert angesichts der breiten Aufgabenpalette der Leistungsverwaltung. In den Bereichen Beratung, Betreuung und Prophylaxe ist das Angebot der Verwaltung in vielen Fällen unzureichend und nicht problemadäquat. Die Ursache hierfür liegt in der mangelhaften Ausbildung alternativer Problemerarbeitungsstrategien.
Verwaltung ist von der gesamten Struktur her auch in der Gegenwart weit eher auf hoheitliche, präzise konditionierte Eingriffe ausgelegt als auf das Leisten von sensiblen, bedarfsgerechten, nicht-materiellen Hilfen.

Hier ansetzende Veränderungsbemühungen können nur bei einer intensiven Nutzung der Ressource Personal beginnen. Dieses ist jedoch nur möglich, wenn die Verwaltung sich den Mitarbeiterzielen gegenüber öffnet.

Bei einer von Luhmann u. Mantz durchgeführten Befragung von Verwaltungsangehörigen wurden die stärksten Divergenzen zwischen individuellen Zielen und Verwaltungsrealität im Bereich der Tätigkeit und in den Beförderungsmöglichkeiten empfunden. Auf die Frage nach den Motiven für den Beförderungswunsch äußerten mehr als 60% der Befragten ihr Interesse an den dann übertragenen höherwertigen Aufgaben, welche wegen der größeren Gestaltungsspielräume den eigenen Interessen und Fähigkeiten in höherem Maße entsprächen.[1]

Diese Äußerungen sind ein Indiz für die hohe Bereitschaft von Angehörigen des öffentlichen Dienstes, sich mit den Inhalten ihrer Arbeit zu identifizieren. Hier zeigt sich deutlich, wo eine gewandelte Führungsphilosophie anzusetzen hat.

Dieses ist jedoch keineswegs schon das mittlerweile von allen Verwaltungsleitungen pauschal bejahte Konzept der "kooperativen Führung" nach herrschendem Verständnis.

Ein Beispiel für die fließenden Übergänge von traditionellen Führungsauffassungen hin zu neuen, mitarbeiterbezogenen Konzepten bilden die Richtlinien für die Zusammenarbeit und den Personaleinsatz im Bundesministerium des Inneren vom 14.7.1978. Darin ist eine Beurteilung der Mitarbeiter an Entscheidungsprozessen "soweit wie möglich" vorgesehen. Außerdem werden die Vorgesetzten dazu angehalten, das selbständige Arbeiten ihrer Mitarbeiter "nicht mehr als notwendig" zu beschränken. "Soweit wie möglich" ist weiterhin eine Aufgabendelegation vorgesehen.

Die sehr allgemeingehaltenen Formulierungen verleihen diesen Richtlinien jedoch eher den Charakter von

---

1) Vgl. N. Luhmann/R. Mayntz, Personal im öffentlichen Dienst - Eintritt und Karrieren, Anlageband 7 zum Bericht der Studienkommission für die Reform des öffentlichen Dienstrechtes, Baden-Baden 1973, S. 288 ff. und 300 ff.

Absichtserklärungen als von konkreten Ansätzen eines Wandels im Vorgesetzten-Mitarbeiter-Verhältnis.
Konkreter bezüglich der Verantwortungsdelegation sind da die Regelungen des Zeichnungsrechtes in der Hamburger Verwaltung aus dem Jahre 1972.
Nach ihnen ist jeder Sachbearbeiter zur abschließenden Unterzeichnung aller Geschäftsvorfälle in seinem Zuständigkeitsbereich befugt, in besonderen Einzelfällen ist eine andere Regelung vorgesehen.[1]
Dieses Konzept verfolgt jedoch eher das Ziel einer weitgehenden Deckung und Delegation von Aufgabe, Befugnis und Verantwortung als einer gezielten Mitarbeitermotivation.[2]

Einen echten Fortschritt auf dem Wege zu einer neuen, weniger formalen Führung in der Verwaltung stellen die "Richtlinien für die Verwaltungsführung im Bunde" (RVF) dar, die 1974 vom Schweizerischen Bundesrat erlassen wurden.[3]
In ihnen geht es weniger um angestrebtes, allgemeingehaltenes Vorgesetztenverhalten oder die ständige Betonung von "kooperativen Führungspraktiken", sondern um die Realisierung des Konzeptes eines integrierten Führungsansatzes.
Die Autoren sind dabei bewußt über den Rahmen der bisherigen Führungsansätze hinausgegangen.

So sind in der RVF neben Fragen der Mitarbeiterbedürfnisse und der Beziehungen zwischen Vorgesetzten

---

1) E. Kube, Führungsmodelle, moderne Führungsgrundsätze und Managementtechniken in der Verwaltungspraxis, in: Deutsches Verwaltungsblatt, 88. Jg. (1973), S. 872.
2) J. Broede, Verwaltungsdelegation I: Zeichnungsrecht, in: C. Böhret u.a. (Hrsg.), Herausforderungen an die Innovationskraft der Verwaltung, a.a.O., S. 372.
3) Richtlinien für die Verwaltungsführung im Bunde (RVF), Berlin 1974.

und Mitarbeitern auch Aussagen zu strukturellen Fragen und Aspekten des Führungsprozesses enthalten. Die RVF können durch ihre klare und konsequente Formulierung Führungskräften durchaus Hilfen und Anregungen bieten.

Fraglos durch sie beeinflußt sind auch die "Leitlinien für die Führung und Zusammenarbeit in der Verwaltung des Landes Baden-Württemberg".
Sie stellen eine umfangreiche Zusammenfassung von Führungswissen dar und bemühen sich, dabei Patentrezepte oder vorschnelle Empfehlungen zu vermeiden.

Besonderer Wert wurde darauf gelegt, die inneren Zusammenhänge und Abhängigkeiten zwischen den einzelnen Führungselementen deutlich zu machen.[1)]
So stehen die Bereiche Aufgabendelegation, Verantwortungsdelegation, Vorgesetzteninformation und Mitarbeiterbeurteilung nicht nebeneinander, sondern sind verbunden durch das Konzept eines umfassenden Anreizsystemes für Mitarbeiter und Vorgesetzte.[2)]

Zur Zeit wird als Weiterentwicklung der Führungsleitlinien unter dem Stichwort: "Neue Führungsstruktur Baden Württemberg" ein Konzept realisiert, welches sich besonders durch den umfassenden, ganz-

1) P.J. Hauer, Führungsleitlinien Baden-Württemberg, in: C. Böhret u.a. (Hrsg.), Herausforderungen an die Innovationskraft der Verwaltung, a.a.O., S. 440.
2) Vgl. H. Siedentopf, Führung - zur Neuorientierung eines Begriffes, in: Th. Ellwein u.a. (Hrsg.), in: Jahrbuch zur Staats- und Verwaltungswissenschaft, Bd. 2, Baden-Baden 1988, S. 162 f.

heitlichen Ansatz auszeichnet.[1] Bei ihm werden Organisations- und Verfahrensänderungen mit Modifizierungen im Personalbereich sowie mit dem Einsatz neuer Informations- und Kommunikationstechnologien verbunden.
Im Personalbereich wird diese Führungsstruktur beispielsweise an der durch die Beförderungsrichtlinien geforderte Bewährung auf verschiedenartigen Dienstposten sowie durch das Auswahlverfahren für die neu errichtete Führungsakademie deutlich.

Die geschilderten Beispiele für - unterschiedlich weitgehende - Reformansätze im Führungsbereich der öffentlichen Verwaltung dokumentieren zwar den Bedeutungszuwachs innerhalb der öffentlichen Verwaltung,[2] zugleich werden aber auch die vorhandenen Lücken deutlich, die einer weiteren Optimierung im Führungsbereich bisher entgegenstehen.
Sie betreffen insbesondere den Bereich der Personalplanung. Hier sind es vor allem fehlende Anreizfaktoren durch das starre Laufbahnrecht. Dieses kennt in der Kategorie des "höheren Dienstes", wie bereits erwähnt, unabhängig von wahrgenommenen Fach- oder Führungsaufgaben, keinerlei Differenzierung, die in der Lage wäre, zusätzliche Motivationsanreize zu geben.
Dieser Lücke im Personalrekrutierungssystem folgen weitere im Bereich der Aus- und Fortbildung.
Ergeben sich bereits bei einem Vergleich der Vorbereitungsdienste für den "höheren Dienst" sowohl

1) H. Siedentopf, Erneuerung von Verwaltungsführung und Personalsteuerung, in: C. Böhret u.a. (Hrsg.), Herausforderungen an die Innovationskraft der Verwaltung, a.a.O., S. 613.
2) H. Siedentopf, Führung - zur Neuorientierung eines Begriffes, in: Th. Ellwein u.a. (Hrsg.), Jahrbuch zur Staats- und Verwaltungswissenschaft, a.a.O., S. 164.

quantitativ als auch besonders qualitativ Streuungen je nach betreffender Verwaltung, so ist dies bei Fortbildungsveranstaltungen noch in weit gravierenderem Maße der Fall. Ganz besonders trifft dies auf die Vorbereitung auf Führungsaufgaben zu. Die Spanne der internen Schulung reicht von völligem Fehlen entsprechender Angebote bis zu speziellen Führungslehrgängen, wie sie in den Ländern Baden-Württemberg und Bayern angeboten werden.[1]
Insgesamt sind die Probleme einer zentralen Steuerung des Personalwesens noch weitgehend ungelöst. Hier bestehen insbesondere Schwierigkeiten hinsichtlich der Koordination der entsprechenden Planungen.[2]

Restriktionen erwachsen neuen Führungskonzepten für den Verwaltungsbereich nicht zuletzt auch aus der Tatsache der generell nicht gegebenen Erfolgskontrolle im öffentlichen Sektor.
War in der privaten Wirtschaft der Zwang zur Effizienz ein wirksames Antriebsmittel für intensiveres Bemühen um Optimierung im Führungsbereich, so fehlt ein entsprechender Problemdruck in der öffentlichen Verwaltung. Das Bewußtsein und die entsprechende Sensibilität für die Freisetzung noch ungenutzter Ressourcen im Personalbereich ist hier nicht in dieser Weise entwickelt.

So behaupten Verwaltungen generell ihre aus den genannten Gründen gewachsene interne Kultur.

---

1) M. Lepper, Förderung des Führungsnachwuchses als Teil der Personalplanung, in: Verwaltungsführung, Organisation, Personal, Heft 3 (1987), S. 98 f.
2) Vgl. E. Laux, Personalplanung im öffentlichen Dienst. Anforderungen und Realitäten, in: Die Verwaltung, 9. Jg. Heft 2 (1976), S. 146 ff.

Dieses Bündel von verwaltungsbezogenen Maßstäben ist ursächlich verantwortlich für die organisationsspezifischen Einstellungen und Verhaltensweisen der Mitarbeiter. Die hier vorherrschenden Orientierungen an weitgehender Verrechtlichung und Reglementierung der Kommunikation, an oft schwer einschätzbarem Vorgesetztenverhalten oder an den im Rahmen der Laufbahn möglichen Karrierestufen schaffen insgesamt häufiger eine größere Sensibilität des Bediensteten für ein verwaltungskonformes Verhalten als für eine optimale Erreichung der Aufgaben, die der Verwaltung gestellt sind.

Jede Organisation verfügt, ob bewußt oder nicht bewußt, über eine interne Kultur, welche als die spezifischen Werthaltungen und daraus abgeleiteten Verhaltensweisen als Konkretisierung dieser Werte verstanden werden kann.[1)]
Aufgrund der starken Prägung des Mitarbeiterverhaltens durch solche spezifischen, gemeinsam geteilten Werte- und Normenvorstellungen wird der Unternehmenskultur in der Gegenwart erhöhte Beachtung geschenkt.[2)]
Die bewußte Gestaltung einer derartigen Kultur soll letztlich über die Schaffung eines identitätsfördernden Bezugssystems Einfluß auf das Arbeitsverhalten der Mitarbeiter nehmen und so auch mit zu einem höheren Zielerreichungsgrad der Organisation beitragen. Diese Gestaltung kann Probleme aufwerfen,

---

1) E. Heinen/P. Dill, Unternehmenskultur - Überlegungen aus betriebswirtschaftlicher Sicht, in: Zeitschrift für Betriebswirtschaft, 56. Jg. Heft 3 (1986), S. 203.
2) Beispielsweise in den Arbeiten von D. Matenaar, Organisationskultur und organsisatorische Gestaltung, Berlin 1983, D. Katz/R.L. Kahn, The social psychology of organisations, New York 1966 oder W. Reinhard, Die Identität von Organisationen, Bonn 1983.

wenn sie nicht schlüssig aus einem entsprechenden Kontext ergibt. In solchen Fällen muß die Implementierung über ein Bündel geeigneter Anreizfaktoren erfolgen.
Daß die mit dem Begriff Unternehmenskultur verbundenen Inhalte sich u.U. auch in der öffentlichen Verwaltung nutzbringend einführen lassen, beweist z.Z. die Deutsche Bundesbahn. Hier wird ein grundlegender Wandel im Selbstverständnis einer Verwaltung angestrebt, der von einem direkten Teil der Staatsverwaltung, zuständig für Transportleistungen, hin zu einer Organisation mit Unternehmenspersönlichkeit führen soll.[1)]

Im Rahmen dieses Veränderungsprozesses ist auch die weitgehende Umorientierung des Verhaltens der Zugbegleiter speziell in Intercity-Zügen vorgesehen, die durch gezielte Motivationsfaktoren, wie spezielle Auswahl der Mitarbeiter, entsprechende Schulung, attraktive Dienstkleidung oder Anreize, wie die Annahmemöglichkeit von Bedienungsgeld, auch tatsächlich weitgehend erreicht wird.[2)]

Dieses Beispiel der in Ansätzen gelungenen Wandlung einer Verwaltungskultur stellt jedoch eher einen Ausnahmefall dar. Die mit der Einführung eines solchen Prozesses verbundenen Widerstände, ausgelöst durch Verunsicherung und Destabilisierung der etablierten Struktur, werden stets die Realisierung des Innovations- und Motivationspotentials zu absorbieren suchen.

---

1) Vgl. D. Neidhardt, Organisationskultur/Corporate Identity, in: C. Böhret u.a. (Hrsg.), Herausforderungen an die Innovationskraft der Verwaltung, a.a.O., S. 447.
2) Vgl. ebenda S. 451 f.

Für grundlegende Neuorientierungen im Personalführungsbereich von Verwaltungen bildet insofern die Heterogenität der Motivationsstrukturen auf den verschiedenen Hierarchieebenen eine nicht zu unterschätzende Restriktion.

Das Beispiel Bundesbahn beweist jedoch die Bedeutung stimulierender Organisationskulturen im Rahmen der Personalführung und das vorhandene Leistungspotential bei einer Veränderung der jeweiligen Handlungsbedingungen; gleichzeitig aber auch das Erfordernis eines Problemdruckes in einer Dimension, welcher auch die Beharrung auf dem Status quo als nicht mehr möglich erscheinen läßt.

10. Führung der Berufsberater

10.1 Schulung der Führungskräfte

Bis Mitte der siebziger Jahre fanden im Bereich der BA keine systematischen Schulungen von Führungskräften statt. Nur eine geringe Anzahl von Mitarbeitern nahm an Maßnahmen externer Institute, wie beispielsweise an Schulungen nach dem Harzburger Modell, teil.

Einzelthemen zur Personalführung wurden darüberhinaus in Fortbildungslehrgängen der Hauptstelle oder der Landesarbeitsämter behandelt, standen jedoch in der Regel unter einer engen, fachbezogenen Zielsetzung.

Diese Situation erwies sich in zunehmendem Maße als unbefriedigend, denn von den Teilnehmern wurde insbesondere fehlende inhaltliche Kontinuität, uneinheitliches Vorgehen, unzureichende Intensität sowie der nicht vorhandene Praxisbezug der Inhalte kritisiert.

Aus diesem Grunde begannen Überlegungen, die auf die Schaffung eines strukturierten Fortbildungskonzeptes auf dem Gebiet der Personalführung abzielten, das allen Führungskräften in Seminaren nahegebracht werden sollte.

Bei der Planung eines solchen Konzeptes waren bestimmte Gesichtspunkte zu berücksichtigen, z.B. eine bewußte zeitliche Ausdehnung der Maßnahme, um ein kontinuierliches Auseinandersetzen der

betreffenden Mitarbeiter mit der Problematik der Personalführung zu gewährleisten. Außerdem sollten, durch entsprechende Umfragen bei den zu Beteiligenden abgesichert, Inhalte und Ausgangspunkte praxisgerecht erfolgen.
Derartige Befragungen, vor allem bei Direktoren und Abteilungsleitern der Arbeitsämter, fanden dann im Jahre 1973 statt; sie ergaben hinsichtlich von Inhalten der zu schaffenden Seminare ein eindeutiges Bild. Nicht so sehr allgemeine Information zur Führungsthematik, wie Führungsmodelle oder Führungsstile, wurden von den Angesprochenen bevorzugt, sondern deren Interessen bezogen sich eher auf konkrete Führungsfunktionen, wie beispielsweise Kontrollieren, Beurteilen, Gespräche führen.

Auf der Basis dieser Untersuchungen sind die Inhalte der Fortbildungsveranstaltungen in Arbeitskreisen erstellt worden, an denen neben Vertretern der Hauptstelle sowie Führungskräften der Landesarbeitsämter auch entsprechende Experten von Fachverlagen beteiligt wurden.
Das Ergebnis war nach dem Bausteinprinzip geordnetes Material für jeweils ein einwöchiges Grund- und Aufbauseminar.

Bei der Konzeption der Führungsseminare wurde ursprünglich die Idee verfolgt, Angehörige des höheren und des gehobenen Dienstes, die beide in der BA Führungsfunktionen wahrnehmen, zusammen an den jeweiligen Schulungen zu beteiligen, um auf diese Weise eine Einheitlichkeit der Führungskonzeption zum Ausdruck zu bringen. Kurzzeitig fanden auch derartige "gemischte" Führungsseminare statt, jedoch erfolgte bald eine Trennung der Angehörigen beider Laufbahnen.

Zunächst beteiligte man an den 1976 angebotenen Grundseminaren und ab 1979 folgenden Aufbauseminaren fast ausschließlich Mitarbeiter des höheren Dienstes. Mit der zurückgestellten Schulung der Führungskräfte des gehobenen Dienstes wurde ab 1980 in stärkerem Umfang begonnen. Dabei wurden von der Hauptstelle aus diesem Personenkreis Inhaber bestimmter Funktionen (wie z.B. Abschnittsleiter in der Berufsberatung) ausgewählt, die in erster Linie in die Maßnahmen einbezogen werden sollten.

Die Fortbildungsveranstaltungen für Mitarbeiter des höheren Dienstes werden zentral von der Hauptstelle geplant und durchgeführt, soweit sie nicht auf einzelne Landesarbeitsämter delegiert sind.
Bei Angehörigen des gehobenen Dienstes ergibt sich von vornherein eine Zuständigkeit des Landesarbeitsamtes, wobei hier auch die Möglichkeit für Modifikationen oder das Einfügen selbstkonzipierter Elemente besteht.

Im Laufe der Jahre wurden die meisten der Bausteine überarbeitet oder teilweise von einzelnen Landesarbeitsämtern im Hinblick auf besondere Personengruppen oder Themen ergänzt. Die ursprüngliche Gesamtkonzeption wurde dabei allerdings nicht verändert. Die Dauer der Führungsseminare ist auf 4 Tage reduziert.
1988 sind die Unterlagen der Seminare zum Führungsverhalten einschließlich des Begleitmaterials überarbeitet worden.

Der Ablauf beispielsweise eines Grundseminars erfolgt in der Weise, daß in der Regel je Tag einer der

mittlerweile 3 Bausteine (Gespräche als Führungsmittel, Ziele finden, Anweisen/Konflikte bearbeiten) behandelt wird. Die verbleibende Zeit des 4. Tages ist für Übungsmöglichkeiten vorgesehen.
Neben in einem speziellen Seminarordner zusammengefaßten Teilnehmermaterial stehen auch kurze Videofilme mit entsprechenden Rollenspielen sowie unterschiedliche Folien zur Verfügung und erleichtern den Referenten die Verdeutlichung des Besprochenen.

Zur inhaltlichen Charakterisierung dieser Führungsseminare soll exemplarisch auf den Baustein II der Seminare zum Führungsverhalten eingegangen werden, der sich mit der Zielbildung und Zielsetzung befaßt. Dabei wird von dem Material ausgegangen, das auch den Referenten und Teilnehmern der Veranstaltungen vorliegt.

Der Ablaufplan für diesen Seminartag sieht zwei Trainingssequenzen vor. Für beide sind präzise Lernziele vorgegeben.
In der Einleitung zu diesem Baustein ist das wesentliche Ziel dieser Unterrichtseinheit genannt. Dort heißt es u.a.: "Bei diesen Gesprächen geht es nicht nur um Verständigung, sondern im wesentlichen darum, daß Ziele geklärt und erreicht werden."[1]

Im Verlauf der ersten Trainingssequenz wird anhand von Fallbeispielen versucht, die unterschiedlichen Arten von Zielgesprächen deutlich zu machen.
Als Absicht der Zielgespräche wird dabei folgendes angenommen:
- das Erkennen und Realisieren eines Sachzieles

---

1) Bundesanstalt für Arbeit, Seminare zum Führungsverhalten, Teilnehmerunterlage, Baustein II, Stand: Dez. 1988, S. 1.

bzw. Problemes durch den Mitarbeiter,
- die Akzeptanz dieses Zieles durch ihn und
- das möglichst positive Tangieren der Beziehungsebene zwischen Führungskraft und Mitarbeiter.[1]

Einen weiteren ausführlich zu behandelnden Bereich stellen die möglichen Fehlerquellen in Zielgesprächen bei Führungskräften und Mitarbeitern dar.
Als Fehlerquellen seitens der Führungskraft werden beispielsweise genannt:
- überprüft nicht, ob alles verstanden wurde,
- stellt seine Absicht und das Gesprächsergebnis nicht klar heraus,
- gibt keine Gelegenheit zur Stellungnahme.

Dagegen werden auf Seiten der Mitarbeiter u.a. folgende Fehlerquellen lokalisiert:
- macht nicht deutlich, wo seine Schwierigkeiten liegen,
- macht letztlich das, was er für richtig hält,
- blockt ab.[2]

Weiterhin sollen bestimmte Fertigkeiten der Führungskräfte geklärt und trainiert werden, die als positiv im Hinblick auf die Wirksamkeit von Zielgesprächen eingeschätzt werden, wie beispielsweise das individuelle Dosieren der Arbeitsbelastung für den einzelnen Mitarbeiter oder das Erklären und Begründen von Vorgaben und Sachverhalten.

---

1) Bundesanstalt für Arbeit, Seminare zum Führungsverhalten, Teilnehmerunterlage, Baustein II, Stand: Dez. 1988, S. 8.
2) Ebenda S. 9.

In der folgenden Trainingssequenz dieses Bausteines werden "Formeln" für Zielsetzungs-, Zielfindungs- und Anweisungsgespräche erläutert.
Für Zielsetzungsgespräche steht die sog. "ZEGUM - Formel" im Mittelpunkt.
Im einzelnen bedeuten die Buchstaben folgendes:

Z = Zweck des Gesprächs mit dem Mitarbeiter

E = Erklärungen des Vorgesetzten hinsichtlich seiner Vorstellungen und Vorgaben

G/U = Gemeinsamkeiten/Unterschiede bezüglich des Vorhabens

M = Maßnahmen, die aus dem Gespräch resultieren.[1]

Auch für Zielfindungsgespräche, bei denen im Gegensatz zu Zielsetzungsgesprächen das Arbeitsziel noch nicht feststeht, wird zur Optimierung des Gesprächsergebnisses die Anwendung einer "Formel" empfohlen. Die sogenannte "ZIBE - Formel" besteht aus den Elementen:

Z = Zweck des Gespräches

I = Ideensuche

B = Bewertung der Vorschläge

E = Entscheidung.[2]

Eine entsprechende Empfehlung existiert auch für Anweisungsgespräche. Die in diesen Fällen anzuwendende "Formel" bezeichnet die Inhalte:

Z = Zweck des Gespräches

E = Erläutern des Auftrages

---

1) Bundesanstalt für Arbeit, Seminare zum Führungsverhalten, Teilnehmerunterlage, Baustein II, Stand: Dez. 1988, S. 13.
2) Ebenda S. 14.

H = Hinweise zur Ausführung
A = Angebot zu Rückfragen.[1]

Durch Rollenspiele sollen die vermittelten Inhalte verdeutlicht werden.

Insgesamt wirken die Seminarunterlagen an vielen Stellen etwas verkürzt und formelhaft.
Die Beschränkung auf die genannten Bausteine wird insoweit inhaltlich dem Spektrum an in diesem Rahmen vermittelbaren Führungswissen nicht gerecht. Auf der anderen Seite enthalten die angebotenen Lerninhalten, abgesehen von den gegebenen allgemeinen Begründungen, keine Aussagen über deren Herleitung und jeweilige Relevanz und haben eher den Charakter von Handlungsanweisungen.

Beispielsweise ist in dem beschriebenen Baustein die Empfehlung enthalten, Zielgespräche situationsangemessen zu strukturieren. Ein sich prinzipiell aus diesem Gestaltungsspielraum ergebendes Kreativitätspotential wird aber durch das angebotene Strukturierungskonzept der verschiedenen Formeln nicht weiter gefördert.
Obwohl in den Unterlagen nur als ein mögliches Hilfsmittel bezeichnet, können die Ausführungen dazu leicht als Vorgaben interpretiert werden mit der Folge, daß ein Vorgesetzter, der ihre Anwendung beherrscht, sich eigener Initiativen weitgehend enthoben glaubt.

---

1) Bundesanstalt für Arbeit, Seminare zum Führungsverhalten, Teilnehmerunterlage, Baustein II, Stand: Dez. 1988, S. 15.

Dadurch besteht die Gefahr einer Reduzierung von Führungsfähigkeiten auf eine formale Ebene und damit eine Verkürzung der Aufgaben und Inhalte von Führung.

An keiner Stelle finden sich in den Seminarunterlagen Aussagen zu Bereichen, die über die Einübung bestimmter Gesprächstechniken hinausgehen und z.B. die Wichtigkeit persönlicher Überzeugungsarbeit des Vorgesetzten deutlich machen.

Ein übergreifendes, theoretisch fundiertes Bezugssystem ist in den entsprechenden Unterlagen nicht zu erkennen. Dort wird statt dessen an verschiedenen Stellen bemerkenswert indifferent die Frage möglicher Grundhaltungen im Führungsbereich behandelt. So wird an einer Stelle ausdrücklich betont, daß es hier nicht darum gehe, einen bestimmten Führungsstil als von der BA gewünscht herauszustellen.[1]

Allgemein ausgedrückt geben diese Führungsseminarunterlagen eine vorgesetztenzentrierte Sichtweise wieder; präziser formuliert: sie gehen von der privilegierten Situation einer Führungskraft aus, der ein im Rahmen ihrer jeweiligen Vorgaben weit gesteckter Entscheidungsspielraum zukommt, und beabsichtigen, diese bei der Umsetzung des entsprechenden Rollenverständnisses zu unterstützen.
Daher sehen sie sich auch tendenziell als Vermittlungsinstrumentarium von spezifischen Techniken (Technik der Gesprächsführung, Technik der Zielsetzung, Technik der Konfliktbearbeitung usw.) sowie der Einsichten in die Notwendigkeit ihrer Anwendung.

---

1) Bundesanstalt für Arbeit, Seminare zum Führungsverhalten, Baustein II, Trainerunterlage, Stand: Dez. 1988, S. 6.

Die Effizienz der Vorgesetztenfunktion und damit auch die Zufriedenheit mit der jeweiligen Berufsrolle wird durch Vorgaben dieser Art nicht voll erschlossen. Angewandte Gesprächstechniken werden auch vom Mitarbeiter als formal empfunden, wenn sie nicht mit einem sich aller Normierbarkeit entziehenden, persönlichen Überzeugungsvermögen vertreten werden.
Weiterhin muß ein System positiv wirkender Anreize vorhanden sein, um ein gesamtzielbezogenes Handeln zu optimieren.

Dennoch beurteilen befragte Abschnittsleiter, die an derartigen Seminaren teilgenommen haben, diese eindeutig positiv. Solche Schulungen würden vielfältige Anregungen geben und zum Engagement in diesem Bereich beitragen.

In den Antworten der Befragten wird auch das erhebliche Bedürfnis nach Materialien und Hilfen in bezug auf die Ausübung der Vorgesetztenrolle deutlich. Zusätzlich zu den Seminaren zum Führungsverhalten werden seit 1989 Veranstaltungen angeboten, die konkretes Führungswissen in den Vordergrund stellen. Hier werden insbesondere die Bereiche

- Organisationsentwicklung als Führungsmittel,
- Personalentwicklung als Führungsmittel sowie
- aktuelles Führungswissen

vertieft behandelt.

In dem zur Organisationsentwicklung vorliegenden Material finden sich neben Beschreibungen der allgemeinen Ziele dieses Ansatzes auch Neuakzentuierungen

hinsichtlich der Funktion der Führungskräfte. Die Unterlagen betonen ihre Stellung als Moderatoren von Gruppenprozessen, die die hierfür nötigen Regeln beherrschen sollten.
Weiterhin wird in diesem Zusammenhang auch die auf Lewin zurückgehende Kraft-Feld-Analyse behandelt sowie am Schluß auf mögliche Einführungsstrategien von Organisationsentwicklungsmaßnahmen hingewiesen.

Auch in den Unterlagen zur Personalentwicklung wird spezifisches, führungsrelevantes Wissen vermittelt sowie ein sehr anschauliches Praxisbeispiel dargestellt.

Neben der Vermittlung von Führungsfunktionen unter diesen speziellen Aspekten erhalten die Teilnehmer an derartigen Seminaren auch einen Überblick über die mit der Personalführung zusammenhängenden Gebiete, wie beispielsweise

- Führungstheorien,
- Menschenbilder,
- Motivationstheorien,
- Führungsstile.

Dabei gehen die Aussagen zu diesen Bereichen an verschiedenen Stellen auch auf die Besonderheiten in der öffentlichen Verwaltung ein.
Insgesamt stellen diese neu konzipierten Seminare eine beachtliche Ergänzung im zur Verfügung stehenden Schulungsangebot für Führungskräfte dar.

Das Wissensspektrum der Betreffenden wird fraglos erweitert, die jeweilige Praxisrelevanz ist dabei aber nicht in allen Punkten zu erkennen.

So besteht weiterhin Bedarf für Ergänzungen im Rahmen einer Vermittlung von Führungshilfen. Diese betreffen vor allem den Bereich von Führungsleitlinien, die zum einen den konkreten Bezug zu den besonderen Problemstellungen in der BA (z.B. der Sensibilität von Beratungskräften) haben, darüberhinaus aber auch die Identifizierung des Führenden mit dieser Maxime zulassen. Mit anderen Worten: was fehlt, ist eine den persönlichen Bedürfnissen von Vorgesetzten und Mitarbeitern gerecht werdende "Führungsphilosophie", die gleichzeitig in der Praxis als Basis eines handlungsleitenden Systemes angesehen werden kann.

Als Reaktionen auf die vorhandenen Defizite können sowohl entsprechende Überlegungen in der Hauptstelle als auch spezielle Gesprächskreise für Abteilungsleiter der Berufsberatung angesehen werden, die im Bezirk eines Landesarbeitsamtes (LAA) stattfinden, wobei ein Psychologe des LAA die Moderation übernimmt.
In diesem Rahmen sollen unter Berücksichtigung der konkreten Situationen und strukturellen Arbeitsbedingungen Lösungsformen diskutiert werden. Darüber hinaus wird angestrebt, dem Vorgesetzten die konkrete Arbeitssituation des Mitarbeiters einschließlich der sich daraus ergebenden Problematik zu verdeutlichen, um dadurch die Führungskraft zu befähigen, zur Entlastung des einzelnen beizutragen.

Im Zusammenhang mit der Führungskräfteschulung interessiert auch die Frage, ab welchem Zeitpunkt z.B. neu eingesetzte Abteilungsleiter erstmalig mit diesem Themenkomplex vertraut gemacht werden.
Bei den Nachwuchskräften für den allgemeinen höheren Dienst finden in der Spezialisierungsphase auch

Veranstaltungen zu Fragen der Personalführung statt, so daß sie zumindest formal auf entsprechende, später auszuübende Funktionen eingestimmt werden.[1]

Anders ist es dagegen in den in der Praxis durchaus nicht seltenen Fällen, in denen bisherigen Berufsberatern für Abiturienten und Hochschüler der Dienstposten eines Abteilungsleiters (meistens in der Abteilung Berufsberatung eines Arbeitsamtes) übertragen wird.

Diese Kräfte verfügen am Beginn ihrer Vorgesetztentätigkeit in der Regel über keinerlei spezifische Kenntnisse im Führungsbereich.
Bis ihnen erstmalig die Teilnahme an einem Seminar zur Personalführung angeboten wird, kann durchaus ein Jahr oder mehr vergehen. Während dieser Zeitspanne werden sie mit den verschiedensten Anforderungen und Erwartungshaltungen konfrontiert, ohne daß eine über den traditionellen Rahmen hinausgehende konzeptionelle Grundlage hierfür besteht, wie dies ein Abteilungsleiter der Berufsberatung betonte, dem diese Tätigkeit erst kürzlich übertragen worden war.
Die nicht gegebenen Orientierungshilfen können zu Unsicherheiten führen, wobei dann die Neigung zu ihrer Kompensation durch die Betonung formaler Aspekte besteht.
Dieser Prozeß kann sogar eine gewisse Eigendynamik entwickeln, wenn der Vorgesetzte auf selbst initiierte Frustrationen bei den Mitarbeitern mit einem weiter verstärkten Einsatz seines positionsspezifischen Instrumentariums reagiert.

---

1) K. Blaume, Höherer Dienst bei der Bundesanstalt für Arbeit, a.a.O., S. 33.

Solche Entwicklungen erweisen sich zumeist als mindestens partiell irreversibel. Geändertes Führungsverhalten zu einem späteren Zeitpunkt kann durch Fehlentwicklungen in diesem Bereich geprägte Strukturen allenfalls längerfristig positiv modifizieren, wobei permanent die Gefahr besteht, tradierter Skepsis der Mitarbeiter zu erliegen und ihr mit überkommenen Verhaltensmustern zu begegnen.

10.2 Beurteilungssystem

Die geltenden Richtlinien für die Abgabe dienstlicher Beurteilungen in der BA bestehen seit 1976.
Die damals völlig neu konzipierten Richtlinien enthalten als ein wesentliches Strukturprinzip Skalen, die quantitative Stufen mit qualitativen Beschreibungen verbinden.
Es sind hier 7 Stufen nach dem Prinzip der schrittweisen Steigerung für verschiedene Beurteilungskriterien wie "intellektuelle Fähigkeiten, Fachwissen, Belastbarkeit, Sozialverhalten" formuliert, wobei ein Mitarbeiter in der Weise beurteilt werden soll, daß der Erstbeurteiler in diesen Vorgaben jeweils die Stufe ankreuzt, die den zu Beurteilenden am treffendsten kennzeichnet. Dabei sollen auch bewußt Differenzierungen durch Streichungen und Unterstreichungen vorgenommen werden.[1)]
In den Beurteilungsvordrucken kann der Erstbeurteiler in den abschließenden ergänzenden Beurteilungsaussagen noch zusätzliche Erläuterungen anführen, die das Persönlichkeits- und Leistungsbild des Mitarbeiters abrunden, ergänzen oder bestimmte Wahrnehmungen erklären. Am Schluß ist stets ein Gesamturteil

---

1) RdErl. 1/76 und RdErl. 109/78.

abzugeben. Die dienstliche Beurteilung muß außerdem auch einen Vorschlag hinsichtlich zukünftiger Einsatzmöglichkeiten oder sonstiger personalpolitischer Maßnahmen enthalten.

Ein weiteres Strukturmerkmal des Beurteilungssystems in der BA ist die Mehrfachbeurteilung durch mindestens 2 Vorgesetzte. Der Erstbeurteiler ist in der Regel der direkte Vorgesetzte, welcher die breitesten Informationen über den Mitarbeiter hat. Dieser leitet den ausgefüllten Beurteilungsbogen an den Zweitbeurteiler weiter, der als höherer Vorgesetzter vor allem für die Einhaltung eines einheitlichen Beurteilungsmaßstabes zuständig ist.[1)]
Bei Mitarbeitern des gehobenen und höheren Dienstes wird die Beurteilung dann noch einem in der Hierarchie über dem Zweitbeurteiler stehenden Letztbeurteiler zugeleitet. Auch er hat ein entsprechendes Gesamturteil abzugeben, was insbesondere vor dem Hintergrund der ihm möglichen Vergleichbarkeit geschehen soll.

In den Vorschriften finden sich auch eine Reihe von Hinweisen und Empfehlungen hinsichtlich eines spezifischen Vorgesetztenverhaltens.
Da aufgrund von Beurteilungen ein systematischer Vergleich von Mitarbeitern angestrebt wird, existieren Ausführungen zur Skizzierung eines allgemeinen Beurteilungsmaßstabes. So sollen Beurteiler bei der Urteilsabgabe von der allgemeinen Erfahrung ausgehen, daß sehr viele Menschen in Verhalten und Leistung mittlere Ausprägungen erreichen und Extremwerte dementsprechend selten sind. Diese "Normalverteilung" gelte aufgrund der Mitarbeiterauslese für die BA in

1) RdErl. 189/78.

modifizierter Form: überwiegend anzutreffen seien durchschnittliche Ausprägungen mit einer gewissen Verschiebung zum oberen Bereich. Dieses entspräche den Stufen 4 und 5 bei den Einzelbeurteilungen sowie entsprechenden Aussagen in Gesamturteil.[1]

Am Anfang des RdErl. 1/76 wird ausgesagt, daß dienstliche Beurteilungen immer darauf gerichtet sein müßten, Mitarbeiter zu führen. Dies sei aber nur durch wiederholte Gespräche mit den Betreffenden möglich. Personalbeurteilung so gesehen, stelle eine kontinuierlich wahrzunehmende Aufgabe dar.
Der hohe Stellenwert, der einem einheitlichen Beurteilerverhalten zuerkannt wird, kommt auch in der Übernahme dieses Bereiches in die Führungsseminare zum Ausdruck.
Dort wird sowohl die Bedeutung systematischer Beurteilungen im Rahmen der Personalentwicklung behandelt als auch näher auf das Beurteilungsverhalten eingegangen.
Aus dem bisher zum Beurteilungssystem Ausgeführten wird deutlich, welch hohen Stellenwert es im Gesamtzusammenhang der Personalführung genießt.
Dieses ist u.a. auf den Bedarf nach einem handhabbaren Instrumentarium zum systematischen Mitarbeitervergleich und in soweit zur Unterstützung der Personalpolitik zurückzuführen.

---

1) RdErl. 189/78.

In der Realität zeigen sich jedoch teilweise Verschiebungen gegenüber den Vorgaben. Die ausgefüllten Beurteilungsformulare entsprechen in formaler Hinsicht wohl den jeweiligen Erwartungen, Abweichungen bei den Anweisungen inhaltlicher Art sind dagegen unübersehbar. Da das Verhalten der Vorgesetzten in diesem Punkt keinerlei normierender Kontrolle unterliegt, ist es abhängig vom Maß der individuell bewerteten Relevanz.[1)]
Daher werden die entsprechenden Ausführungen des RdErl. 1/76, das Beurteilungsgespräch biete die Gelegenheit, das "Mitarbeitergespräch" wieder aufzunehmen und fortzuführen, sehr unterschiedlich interpretiert.

Ein Merkmal des behandelten Beurteilungssystems, das ebenfalls kritisch betrachtet werden kann, ist die Eröffnung der Beurteilung prinzipiell erst nach deren kompletter Erstellung.
Der Mitarbeiter hat dann nur noch die Möglichkeit, von der Beurteilung Kenntnis zu nehmen und sie - in aller Regel - zu akzeptieren.[2)]
Zwar soll im Rahmen des Beurteilungsgespräches demjenigen Mitarbeiter, der sich unrichtig beurteilt glaubt, die Gelegenheit gegeben werden, für ihn günstige Umstände vorzutragen und ggf. das Einholen weiterer Informationen anzuregen.[3)] Aufgrund der Konfrontation des Beurteilten mit bereits geschaffenen Tatsachen wird jedoch vermutlich dessen Hemmschwelle, eine Revidierung zu erbitten, höher

---

1) Das Spektrum der Angaben reicht von präzise formulierten Ergebnissen eingehender Beobachtungen bis hin zur Verwendung standardisierter Leerformeln.
2) Daß dieses sich keineswegs nur auf die BA beschränkt, zeigt die Untersuchung von P. Schäfer, Personalbeurteilung und Beurteilungssysteme, Speyer 1985, S. 40.
3) RdErl. 1/76.

sein als in Fällen, wo der Mitarbeiter bereits während des Beurteilungsprozesses beteiligt wird.

Noch ein Punkt fällt insbesondere bei einem Vergleich des Beurteilungssystems der BA mit anderen Personalbeurteilungssystemen auf.
Während häufig der Grundsatz der vorrangigen Verantwortlichkeit des unmittelbaren Vorgesetzten für die abgegebene Beurteilung dominiert[1], ist dieses Prinzip bei den hier besprochenen Beurteilungsrichtlinien nicht zu erkennen. Im Gegenteil, hier kommt dem Letztbeurteiler, dies ist z.B. bei Mitarbeitern, die der Laufbahn des höheren Dienstes angehören, der Präsident des Landesarbeitsamtes, besondere Bedeutung zu. Sein Urteil ist maßgebend.[2] Da er, wie auch der Zweitbeurteiler, sein Urteil nicht zu begründen braucht, ist es möglich, ein abweichendes Gesamturteil abzugeben, ohne entsprechende Änderungen bei den Einzelbewertungen durchführen zu müssen.

Während beispielsweise in den entsprechenden KGST-Empfehlungen die abweichende Auffassung eines mittelbaren Vorgesetzten von dem Beurteilungsvorschlag des unmittelbaren Vorgesetzten ein Anlaß für eine möglichst der Vereinheitlichung dienende Erörterung zwischen beiden sein soll, sehen die BA-Richtlinien eine solche Abstimmung nicht vor.
Auch hierdurch kann die Transparenz des Beurteilungsergebnisses für den Mitarbeiter abnehmen. Dies gilt vor allem in den Fällen, wo z.B. einem positiven Urteil des Erstbeurteilers ein deutlich negativeres des Zweit- oder Letztbeurteilers gegenübersteht.

---

1) Beispielsweise in dem Bericht 12/1975 der Kommunalen Gemeinschaftsstelle für Verwaltungsvereinfachung (KGST) vom 23. Juni 1975, S. 18 ff.
2) RdErl. 1/76.

Durch ein solches Verfahren wird auch der Wert einer Beurteilung als Orientierungshilfe für das unmittelbare dienstliche Verhalten des Mitarbeiters geschmälert.

Vor diesem Hintergrund sind auch die teilweise in Gesprächen gemachten Aussagen von Mitarbeitern zu interpretieren, sie hätten kein klares Bild ihrer Einschätzung durch die Vorgesetzten.
Wie mehrfach bestätigt wurde, verursacht dies im Einzelfall erhebliche psychische Kosten. Hier ergibt sich durch das geltende Beurteilungssystem und dessen Handhabung ein Faktor, der nicht nur das vorhandene Motivationspotential unzulänglich nutzt, sondern sich unter ungünstigen Bedingungen negativ auf die Leistungsbereitschaft auswirken kann. Dies gilt jedoch nicht ausschließlich oder in besonderem Maße für die BA; ähnliche Situationen lassen sich bei den meisten Verwaltungsorganisationen aufzeigen.

Geprägt ist die Ausgestaltung des Beurteilungssystems in der öffentlichen Verwaltung durch ihre rechtliche Gebundenheit (vgl. Punkt 9.).
So sind die §§ 40 und 41 der Bundeslaufbahnverordnung (BLV)[1] für Bundesbeamte die rechtliche Grundlage der Personalbeurteilung.
Ähnliche Regelungen bestehen auch für die Beamten der Länder. Da für Angestellte und Arbeiter keine speziellen tarifvertraglichen Regelungen vorliegen, sind die Bestimmungen über die Beurteilung von Beamten auch für sie sinngemäß anzuwenden.

---

1)Verordnung über die Laufbahnen der Bundesbeamten vom 15.11.1978, geändert durch Verordnung vom 5.11.80 und vom 8.7.1981.

Nach § 41 BLV soll sich die Beurteilung besonders auf allgemeine geistige Veranlagung, Charakter, Bildungsstand, Arbeitsleistung, soziales Verhalten und Belastbarkeit erstrecken. Sie ist mit einem Gesamturteil und mit einem Vorschlag über die weitere dienstliche Verwendung abzuschließen.
Auf dieser Grundlage haben einzelne Verwaltungsbereiche unterschiedlich akzentuierte Beurteilungssysteme im Hinblick auf Bedeutung, Ziele und Inhalte entwickelt.[1] Ihnen gemeinsam sind die Rahmenbedingungen für Beurteilungssysteme in der öffentlichen Verwaltung. Diese lassen sich in objektive und eher subjektive Komponenten einteilen.
Zu der ersten Kategorie gehören die eingeschränkten Beurteilungskonsequenzen aufgrund rechtlicher Bedingtheiten wie Unkündbarkeit, Aufstiegschancen oder Einkommensentwicklung. Insofern ist eine Karriere in der öffentlichen Verwaltung im Vergleich zur Wirtschaft relativ überraschungsarm.[2]

In die zweite Kategorie einzureihen wären Faktoren, die, abgeleitet von den genannten rechtlichen Grundlagen dienstlicher Beurteilungen, die Neigung zur Orientierung an einem bestimmten Persönlichkeitsbild als allgemeinen Maßstab fördern.
Von dem am Arbeitsplatz gezeigten Verhalten, wie fehlerfreie Fallbeurteilung, wird weitgehend bruchlos auf allgemeine Eigenschaften geschlossen. Auf diesem Wege können Beurteilungen zu Indikatoren für das Maß

---

1) Vgl. Bundesakademie für öffentliche Verwaltung im Bundesministerium des Inneren (Hrsg.), Bundesakademie für öffentliche Verwaltung - Werkpapiere, Nr. 6, Juni 1979, Personalbeurteilung als Führungsmittel, S. 10 f.
2) Bundesakademie für öffentliche Verwaltung im Bundesministerium des Inneren (Hrsg.), BAKöV-Werkpapiere, a.a.O., S. 12.

der Entsprechung eines Mitarbeiters mit tradierten Rollenerwartungen sein. In diesen Fällen fungieren Beurteilungen lediglich als Normenkontrollsysteme und dienen der Konservierung spezifischer Mitarbeiterbilder.

Bisher vor allem in der Praxis zu wenig erkannt und umgesetzt sind die möglichen führungsrelevanten Funktionen von Beurteilungen. Auch wenn dies, wie bei der BA, in den entsprechenden Beurteilungsrichtlinien thematisiert wird, mangelt es im Berufsalltag teilweise an der vorhandenen Kompetenz der Vorgesetzten.
Der Fähigkeit und Bereitschaft einer Führungskraft zu permanenter Rückkoppelung dem Mitarbeiter gegenüber und dadurch auch zu seiner gezielten Stimulierung, wird zu wenig Gewicht beigemessen und geht auch in deren eigene Beurteilung kaum ein.
Insofern entwickeln Führungskräfte weit eher diejenigen Eigenschaften weiter, die im Hinblick auf die eigene Karriere als relevant angesehen werden.

10.3 Führungsverständnis und Führungspraxis

Die Führung in der BA wird durch mehrere Faktoren charakterisiert. Einer von ihnen ist die ausgeprägte Personenbezogenheit. Das jeweilige Führungsverhalten ist insoweit in hohem Maße abhängig von dem Selbstverständnis und den Persönlichkeitsmerkmalen des Vorgesetzten.
Aufgrund dieser Tatsache ist es entsprechend veranlagten Führungskräften durchaus möglich, detaillierte Anweisungen und Regelungen für ihren Bereich zu geben.

Das kann sich bis auf die präzise Festlegung von Einzelheiten auch der berufsberaterischen Arbeit erstrecken.

Das existierende formale Regelgeflecht läßt eine solche Verfahrensweise durchaus zu, und die Mitarbeiter haben sie zu akzeptieren.
Auf der anderen Seite besteht aber auch in der gegenteiligen Richtung Spielraum: Vorgesetzte können den Freiraum bei der Aufgabenerledigung durchaus ausdehnen, soweit er nicht durch konkrete, unabänderliche Vorgaben vorgesetzter Stellen begrenzt wird. Diese Aussagen wurden von einer besonders herausgehobenen Führungskraft so formuliert.

Zurückzuführen ist dies auf des Fehlen eines einheitlichen Führungsverständnisses. Wie befragte Führungskräfte selbst erklären, gibt es in diesem Punkt keine eindeutigen Leitlinien oder konkreten Orientierungshilfen. Diese Situation führt dazu, daß auch Berufsberater je nach örtlichen Gegebenheiten mit stark voneinander abweichenden Arbeitssituationen konfrontiert werden. Die ausgeprägte individuelle Interpretationsmöglichkeit von Führungsaufgaben kann bei den Mitarbeitern anläßlich einer Neubesetzung von Vorgesetztenpositionen zunächst erhebliche Unsicherheiten auslösen.
Dieses Merkmal des Führungsverhaltens schafft tendenziell eine gewisse Unberechenbarkeit, die von den Mitarbeitern durchaus sensibel wahrgenommen wird.

Eine weitere Einflußgröße, der in der Führungspraxis erhebliche Bedeutung zukommt, ist struktureller Art. Ein Angehöriger der BA, der an maßgeblicher Stelle

tätig ist, spricht in diesem Zusammenhang von einem Führungsdilemma.
Dessen Ursache liegt in den unterschiedlichen Orientierungsmustern von Vorgesetzten und Mitarbeitern.
Vorgesetzte sind, zumindest tendenziell, aufgabenorientiert und müssen es sein. Dieses ist vor dem Hintergrund eines gewissen Rechtfertigungsdrucks zu sehen. So erhalten sie monatlich entsprechende statistische Angaben über die quantifizierbaren Arbeitsleistungen in ihrem Bereich. Diese Werte bilden auch die Grundlage eines Vergleichs mit anderen Ämtern. Unter Umständen kann sich zum Beispiel auf Abteilungsleiterbesprechungen ein Begründungszwang gegenüber dem eigenen Vorgesetzten ergeben.

In diesem Zusammenhang muß auch die erhebliche Bedeutung der statistischen Werte für die Personalbemessung erwähnt werden. Vorgesetzte neigen ihrer eigenen Interessenstruktur zufolge in der Regel dazu, zumindest den vorhandenen Personalbestand zu halten, vor allem, da in der BA personalmäßige Überkapazitäten sehr schnell abgezogen und in völlig anderen Bereichen verwendet werden können.

Dieses bedeutet häufig einen konkreten Zwang für Führungskräfte, statistisch relevante Arbeitsmerkmale nachzuweisen.
Die hohe Gewichtung quantitativer Aufgabenerledigung kann leicht auch den Umgang mit den Mitarbeitern kennzeichnen.
Diese orientieren sich im Berufsalltag dagegen eher am Verhältnis zu ihren Vorgesetzten sowie an den Arbeitsinhalten, wie für die Berufsberater bereits deutlich gemacht wurde.

Die beiden geschilderten Bezugssysteme scheinen sich weitgehend auszuschließen. An dieser Stelle wird ein Schlüsselproblem sichtbar, das weitgehend für die beklagten Defizite hinsichtlich der Führung von Beratungskräften verantwortlich ist.

An die verschiedenen ausgeübten Funktionen ist jeweils ein Bündel eigen- und fremdbestimmter Erwartungen und Ansprüche geknüpft, die zum erheblichen Teil nicht kompatibel sind.
Diese Situation verschärft sich tendenziell durch verschiedene externe Umstände, die auf die BA im allgemeinen und die Berufsberater im besonderen einwirken.

Hier ist zum einen die Abhängigkeit der BA von Tendenzen im Bundesministerium für Arbeit und Sozialordnung zu nennen, wie auch die vom Bundesrechnungshof geäußerte Kritik an ihrem Personalbemessungssystem.

Eine spezielle Problematik für die Berufsberatung ergibt sich durch die zurückgehenden Schülerzahlen.
Um den vorhandenen Personalbestand in etwa auf dem bisherigen Niveau halten zu können, sind zusätzlich neue Aktivitäten erforderlich, die einen quantitativen Ausgleich bei sinkenden Zahlen der Beratungsgespräche ergeben können.
Hierzu existieren bereits konkrete Vorstellungen, die eingebettet sind in vielfältige Überlegungen zu einer Neu-Akzentuierung des Dienstleistungsangebotes der Berufsberatung wie beispielsweise eine bessere

Verzahnung von Orientierung, Beratung und Vermittlung.[1]
Vorgesetzte befinden sich aufgrund der geschilderten Lage unter Umständen in einer Konfliktsituation, die daraus resultiert, sich einerseits Mitarbeiter zu wünschen, die den gegebenen Anforderungskonflikten in höherem Maße entsprechen, andererseits kann gerade die Übermittlung dieser Vorgaben durch die Führungskräfte dazu führen, daß sie nur unzureichend akzeptiert und realisiert werden.

Die gegenwärtige Führungskonzeption beruht auf einer strikten Trennung von Fach- und Führungsaufgaben.
Zu den Führungsaufgaben in der Berufsberatung zählen beispielsweise: "Aufgabenverteilung ... festlegen, Anwesenheit, Aufgabenerledigung ... überwachen, Anregung und Einleitung von berufsvorbereitenden Maßnahmen sowie deren fachliche Überwachung."[2]

Dieses Trennungsprinzip erleichtert zwar die Gliederung von Organisationsabläufen, kann aber gleichzeitig zu Friktionen hinsichtlich der optimalen Aufgabenerledigung führen, da es gegen ein anderes, in motivationaler Hinsicht sehr relevantes Konzept verstößt, nämlich das der Ganzheitlichkeit der Tätigkeitsvollzüge.[3]
Nach dem Verständnis der BA sind aber die Bereiche, die die Aufgabenausführung umschließen - Planung, Kontrolle, Verantwortung - zumindest in grundsätzlicher Sicht dem Vorgesetzten vorbehalten.

---

1) Informationen für die Beratungs- und Vermittlungsdienste der BA, Nr. 49 vom 7. Dez. 1988, S. 2995 ff.
2) RdErl. 278/72.
3) Vgl. G. Schreyögg/H. Steimann/B. Zauner, Arbeitshumanisierung für Angestellte, Stuttgart 1978, S. 36 ff.

Von diesem Prinzip finden sich allerdings - nicht nur in der Abteilung Berufsberatung - schon häufig Ausnahmen, die dann jedoch im allgemeinen auf die individuelle Interpretation der Vorgesetztenrolle zurückgehen.

Die sich aus der Gesamtstruktur der BA ergebenden Führungsdefizite werden auch von den Vorgesetzten verschiedenster Ebenen sehr deutlich wahrgenommen. Typisch sind dem Verfasser gegenüber gemachte Angaben von Abteilungsleitern wie: "Es muß doch noch etwas geben, um die Berater mehr zu motivieren," "ich wünsche mir Mitarbeiter mit mehr Kreativität," "ich weiß nicht, wie ich an die Mitarbeiter herankomme," "meine Mitarbeiter sind zu passiv."

Die Aufgeschlossenheit vieler Führungskräfte gegenüber führungsrelevantem Wissen beruht vor allem auf den durch die vorgegebene Ausgestaltung ihrer Berufsposition begrenzten Möglichkeiten einer inhaltlichen Akzeptanz bei den Beratern.
Die bisher herrschende Interpretation von Vorgesetztenverhalten kann bei Führungskräften - auch gegen ihren Willen - zu einer Etikettierung im Sinne von Vertretern der Verwaltungsorganisation führen. Durch eine solche Assoziation von seiten der Berater besteht die Möglichkeit einer zumindest latenten Destabilisierung des beruflichen Rollenverständnisses leitender Mitarbeiter.

Gerade Führungskräfte mit einem Aufgabenverständnis, das bewußt auch produktive Kooperation mit den Beratern einschließt, fühlen sich durch die systembedingten Vororientierungen ihrer Mitarbeiter in den eigenen Wirkungsmöglichkeiten eingeschränkt.

Damit kann sich bei ihnen eine Situation ergeben, die im Prinzip weitgehend identisch ist mit jener der Berater: durch die organisationsspezifische Strukturierung der eigenen berufliche Wirkungsmöglichkeiten ergeben sich Differenzen zwischen dem Wunsch nach bedürfnisorientiertem Handeln auf der einen Seite und den dazu vorhandenen Möglichkeiten auf der anderen.

Hier treten die Defizite einer solch komplexen und hierarchisch orientierten Verwaltungsorganisation bezüglich des Angebotes verschiedener Gestaltungsmuster der Tätigkeitsvollzüge zutage. Andere als systemkonforme Orientierungsweisen werden sich aufgrund der teilweise schon innerhalb entsprechender Ausbildungsgänge vermittelten Sozialisation stets in einer Konkurrenzsituation befinden.
Noch eindeutiger formuliert: die BA bietet ihren Mitarbeitern neben der Entsprechung von Vorgesetztenerwartungen kaum weitere elementare Leistungsanreize. Führungsverhalten und Führungsverständnis haben insofern einen statischen Charakter; sie dienen der Aufrechterhaltung und systemkonformen Weiterentwicklung der Mitarbeiterressourcen.
Die dynamischen Elemente eines Instrumentariums, das bewußt die Vielfalt der Interessenstruktur der Mitarbeiter mit einbezieht, sind bisher eindeutig unterrepräsentiert.

Die BA zeigt sich in bezug auf den Bereich der Führung augenblicklich heterogen: Die Gesamtorganisation tendiert zu einer bereits beschriebenen gewissen Anreicherung des zu vermittelnden Führungswissens. Gleichzeitig existiert ein überproportionales

Beharrungsvermögen hinsichtlich der etablierten vorgesetztenorientierten Sicht- und Handlungsweisen. Zum gegenwärtigen Zeitpunkt ist schwer voraussehbar, ob die skizzierten Neuakzentuierungen zu einer tatsächlichen Modifizierung der Führungsformen beitragen werden.
Hierfür sind letztlich entsprechende Willensbildungsprozesse von Entscheidungsträgern maßgebend, denen bei der beträchtlichen Heterogenität von individuellen Interessenstrukturen ein langwieriger Abstimmungsprozeß vorausgeht, der auch beeinflußt wird von dem wahrgenommenen Problemdruck in diesem Bereich.

11. Möglichkeiten für eine veränderte Führungsform von Beratungskräften in der öffentlichen Verwaltung

11.1 Skizzierung eines entsprechenden Führungskonzeptes

Die gegenüber anderen Verwaltungsleistungen stark ausgeprägten Ausgestaltungs- und Steuerungsmöglichkeiten im Beratungsbereich lassen eine Fülle von nicht normierbaren Bearbeitungsformen zu. Das sich hieraus bei den in diesem Bereich Tätigen ergebende Anspruchsniveau, verbunden mit einer entsprechend ausgeprägten Sensibilität gegenüber tätigkeitsbezogenen Restriktionen, kann den Handlungsspielraum der Vorgesetzten in bestimmter Weise modifizieren.
Insbesondere die ihm aufgrund seiner Position verliehenen "klassischen Hebel" der Amtsautorität erweisen sich nicht nur als wenig wirksam, sondern bei ihrer Anwendung besteht überdies die Gefahr negativer Nebeneffekte durch den Verlust von Glaubwürdigkeit und Akzeptanz.
Durch derartige Verhaltensweisen wird die Distanz zwischen den beiden Ebenen wachsen und gleichzeitig die Gruppenkohäsion zwischen den davon in gleicher Weise betroffenen Beratern zunehmen. Dies kann zur Herausbildung einer spezifischen informellen Ebene führen, durch die versucht wird, die zwanghaft erscheinenden Reglementierungen ihrem ursprünglichen Sinn zu entfremden und "umzufunktionieren".[1]

---

1) Vgl. M. Crozier/E. Friedberg, Macht und Organisation, a.a.O., S. 26.

Konsequent betrieben führt eine solche Mikropolitik, die auf die Nutzung der systemeigenen und menschlichen Ressourcen zur Erreichung persönlicher Ziele ausgerichtet ist, zu einem Unterlaufen von formalen Führungspositionen und Friktionen bei der Aufgabenerfüllung.[1]
Diese Sichtweise von Organisation beschreiben Crozier und Friedberg, wenn sie die Angehörigen der Organisation als Akteure bezeichnen, die stets subjektiv rational versuchen, ihre Eigeninteressen zu verwirklichen, was unter Umständen sogar den Bestand einer Organisation gefährdet.[2]

Ebensowenig wie die Anwendung von Vorgesetztenmacht[3] wäre indessen die Resignation der Führungskraft eine geeignete Strategie zur Lösung des Problems der Leitung von Mitarbeitern mit Expertenorientierung.

Bei gewährter Unabhängigkeit hinsichtlich der Ausgestaltung der Berufsrolle ergeben sich Effekte unterschiedlicher Art.
So wird die individuelle Bindung der Berater an ihre Aufgabe durch das höhere Maß an identitätsbezogenem Handeln gefördert. Dadurch können neben den positiven Effekten jedoch auch Tendenzen einer Zielverschiebung auftreten.
Daher wachsen bei der Einräumung von Freiräumen hinsichtlich der eigenständigen Gestaltung des Tätigkeitsspektrums auch die Problemfelder des

---

1) H. Bosetzky/P. Heinrich, Macht und Organisation, a.a.O., S. 169 ff.
2) Vgl. M. Crozier/E. Friedberg, Macht und Organisation, a.a.O., S. 57 f.
3) Vgl. A. Schuller, Qualifikation und Institution. Versuch einer Bestimmung professioneller Handlungsmuster in Institutionen medizinischer und sozialer Dienstleistungen, a.a.O., S. 74.

Vorgesetzten.[1] Auch weiterhin ist er verantwortlich für die Umsetzung der seinem Sachgebiet übertragenen Aufgaben. Er ist diejenige Instanz, durch welche die Ansprüche der Beschäftigungsorganisation gegenüber dem einzelnen Berater vertreten werden (und umgekehrt).
Fraglos besteht in dieser Hinsicht von seiten der Verwaltung ein Anspruch auf Integrierung und Steuerbarkeit des im beratenden Bereich tätigen Personals bezüglich der dieser Organisation vorgegebenen Ziele. Klages führt in diesem Zusammenhang aus, daß je mehr dem einzelnen Autonomie-, Partizipations- und Selbstentwicklungschancen zuteil würden, desto gebieterischer stelle sich auch die Frage nach den Möglichkeiten einer "Integration" der Einzeltätigen in den gemeinsamen Rahmen, die diesen Chancen nicht zuwiderlaufe, sondern mit ihnen bruchlos vereinbar sei.[2]
Die Führungskraft ist hier für die Einbindung auch der Berater in das Gesamtsystem verantwortlich.

An dieser Stelle taucht jedoch für die Verwaltung das "Organisationsdilemma" auf.
Hiermit ist eine Situation gemeint, in der ein Gewinn für die Organisation auf der einen Seite zu einem Verlust auf der anderen führt.[3]
Werden den Beratern tätigkeitsbezogenere Freiräume übertragen, mag dadurch ihre Berufszufriedenheit

---

1) Vgl. A. Wunderer/W. Grunwald, Führungslehre, Bd. II, a.a.O., S. 388.
2) H. Klages, Motivierung zur Leistung als Innovationsaufgabe der öffentlichen Verwaltung, Zwanzig Thesen, in: C. Böhret u.a. (Hrsg.), Herausforderungen an die Innovationskraft der Verwaltung, a.a.O., S. 351.
3) H. Klages, Grenzen der Organisierbarkeit von Verwaltungsorganisationen, in: A. Remer (Hrsg.), Verwaltungsführung, a.a.O., S. 199.

infolge eines höheren Grades an Umsetzungsmöglichkeiten individueller berufsbezogener Positionen wachsen - ihre Einbindung in die Gesamtorganisation und damit deren Steuerung wird jedoch abnehmen. Umgekehrt führt vermehrte formale Reglementierung ihrer Tätigkeitsvollzüge zwar zu mehr Transparenz und Steuerbarkeit der Organisation, die Chancen einer nicht normierbaren Identifizierung mit dem eigenen Aufgabenbereich werden sich dagegen verringern.

Eine Lösung dieses Dilemmas ist nur möglich auf dem Wege einer Integration des Personals in das Gesamtsystem.
Grundsätzlich steht dafür ein Spektrum verschiedener Strategien zur Verfügung[1], wie:
- Verkleinerung der sogenannten "Kontrollspanne"
- Einsatz von Stäben, Teams und Projektgruppen,
- Standardisierung von Zielen und Abläufen,
- Einsatz von Loyalisierungsstrategien,
- Veränderung der Rolle des Vorgesetzten.

Während die drei zuerst genannten Möglichkeiten zu einer auf Akzeptanz beruhenden Lösung des Intergrationsproblems nicht in der Lage sind, da sie nur strukturelle und nicht inhaltliche Aspekte betreffen, wird in der vierten durch gezielte Maßnahmen der Personalsteuerung versucht, den Divergenzen in diesem Bereich entgegenzuwirken. Hier kommen vor allem entsprechende Selektionsmaßnahmen bei der Personalrekrutierung sowie eine verwaltungsspezifische Sozialisation als bewußt eingeplanter Nebeneffekt von Aus- und

---

1) H. Klages, Grenzen der Organisierbarkeit von Verwaltungsorganisationen, in: A. Remer (Hrsg.), Verwaltungsführung, a.a.O., S. 207.

Fortbildungsmaßnahmen und die Steuerung von Karrieren nach verwaltungsspezifischen Gesichtspunkten in Betracht.[1]
Bei dem letztgenannten Ansatz besteht indessen die reale Möglichkeit eines Konvergierens der grundsätzlich konkurrierenden Interessenstrukturen.

Bei Verwaltungsorganisationen, in denen Personen nahezu ausschließlich im Beratungsbereich tätig sind und diese Funktion ihrem beruflichen Selbstverständnis weitgehend entspricht, ist jede Vorgesetztenposition zunächst mangelnder Akzeptanz ausgesetzt.
Aktivitäten der Führungskräfte werden tendenziell skeptisch betrachtet; selbst bei persönlichen Sympathien wird in dem Vorgesetzten eine Vertretung der Hierarchieinteressen erblickt, dessen Interventionen grundsätzlich als nicht vereinbar mit der eigenen Interessenstruktur gelten.

Ein weiteres Problem für die Führungskraft ergibt sich aus der Schwierigkeit einer Operationalisierbarkeit der Beraterleistungen. Daher sind Analyse und Bewertung des Ergebnisses kaum möglich.
Dabei wäre ein Feedback in diesem Bereich von großer Bedeutung, weil dies den einzigen Erfolgsmaßstab darstellen würde.
Im Beratungsbereich existiert dafür in der Regel aber kein adäquates Erhebungsinstrument, da nur quantitative Daten registriert werden.

Der Verfasser hatte aus diesem Grunde einen Fragebogen entwickelt und eingesetzt, der Aufschluß über

---

1) Vgl. Th. Lau u.a., Innovative Verwaltungsarbeit, Frankfurt/M., New York 1986, S. 68 f.

die Bewertung des geführten Gespräches durch den Ratsuchenden geben soll.
Die Ergebnisse zeigten, daß so durchaus die Möglichkeit einer Resonanz geschaffen werden kann.

Angesichts der geschilderten Führungsproblematik erscheint eine Neudefinition der Vorgesetztenrolle notwendig.[1] Sie sollte nicht länger dem Prinzip der Legalität und Formalität folgen und damit versuchen, Verselbständigungsprozesse durch eine Erhöhung des Reglementierungsniveaus zu kompensieren.
Der Wandlungsprozeß im Führungsverhalten hat bei der Tatsache anzusetzen, daß mangelnde Akzeptanz von vorgesetzten Instanzen häufig durch Bestrebungen eigener Persönlichkeitsentwicklung und Identitätsfindung bedingt ist.
Bosetzky schreibt in diesem Zusammenhang, wie das Verhältnis Vorgesetzter - Mitarbeiter in hohem Maße dem Verhältnis Eltern - Kind entspricht und wie die Mitgliedschaft in einer Großorganisation weithin die Verleugnung des Erwachsenseins bedeutet.[2]

Eine Neudefinition von Führung im Beratungsbereich muß sich anderer als der bisherigen Wirkungsmechanismen bedienen. Die Asymmetrie von Status und Macht muß modifiziert werden zugunsten symmetrischerer Beziehungen.

Die formal-bürokratische Autorität mit ihrer durch institutionalisierte Normen und Regeln bedingten,

---

1) Vgl. G. Franz, Motivierung zur Leistung durch wertorientierten organisatorischen Wandel, in: C. Böhret u.a. (Hrsg.), Herausforderungen an die Innovationskraft der Verwaltung, a.a.O., S. 367.
2) H. Bosetzky, Systemimmanente Grenzen einer planvollen Verwaltungsführung, in: A. Remer (Hrsg.), Verwaltungsführung, a.a.O., S. 222 f.

entpersonalisierten Form der Einflußnahme wirkt im Bereich beratungsintensiver Verwaltungsorganisationen kontraproduktiv.
Mit dieser Erkenntnis und der daraus resultierenden Konsequenz ihrer Zurückdrängung muß aber die Implementierung einer anderen Führungsgrundlage verbunden sein.
Diese veränderte Form von Autorität hat auf neuen Legitimitätsgrundlagen aufzubauen, die nicht mehr formal, sondern personal begründet sind.

Bereits Barnard hat eine in dieser Beziehung sehr bedeutsame Akzeptanztheorie bezüglich der hierarchisch-bürokratischen Einflußbeziehungen vorgelegt.
Danach bildet das Akzeptierungsverhalten der Organisationsmitglieder ein Maß für die Kooperationsbereitschaft der Untergeordneten.[1] Das Verhalten der Unterstellten sei von konstitutiver Bedeutung für die Autorität der Übergeordneten.[2]
Diese Theorie betrachtet vor allem jene Bedingungen, durch die Motivationsprozesse hinsichtlich Integration und Kooperation gefördert werden. Dabei betont sie die Kooperationsbereitschaft der Organisationsmitglieder und akzeptiert deren prinzipiell divergierende Ziele.
Weiterhin stellt sie eine wertmäßige, ethische sowie fachlich begründete Autorität in den Vordergrund.[3]
Aufgrund ihrer Struktur ergibt sich hier ein komplementäres Verhältnis zur formal-bürokratischen Theorie, woraus gefolgert werden kann, daß die

---

1) Vgl. Ch.I. Barnard, The funktions of the executive, 17. Aufl., Cambridge, Mass. 1966, S. 163.
2) Vgl. ebenda, S. 163.
3) Vgl. R. Wunderer/W. Grunwald, Führungslehre, Bd. 2, a.a.O., S. 312.

Akzeptanztheorie in besonderem Maße geeignet ist, die Schwächen einer formal begründeten Autorität zu überwinden.
Während bei letzterer eine Steuerung nur einseitig über Rekrutierungs-, Sozialisierungs- und Sanktionssysteme erfolgt, mit allen Möglichkeiten zu ihrer Umgehung, beispielsweise durch bloße formale Erfüllung von Weisungen, führt das sich aus der Akzeptanztheorie ergebende Führungsverhalten aufgrund von personaler Autorität zu einer wechselseitigen Bindung und Beeinflussung über die Hierarchieebenen hinweg.

Personale Autorität, d.h. die Akzeptanz eines Vorgesetzten aufgrund seiner Persönlichkeit, seiner Fachkompetenz und seiner Verhaltensweisen, kann sich eben nicht formal, sondern nur über aktive Leistungen der Führungskraft ergeben.
Aufgrund solcher Leistungen kann diese Form der Autorität von den Unterstellten gewährt werden, welches dann wiederum den Vorgesetzten zu weiterem aktiven Bemühen verpflichtet.

Formale und personale Autorität stimmen dann überein, wenn die hierarchisch abgestuften Autoritätsbeziehungen den Leistungen, Fähigkeiten und Fertigkeiten der Positionsinhaber entsprechen.[1)]
Aus vielfältigen Gründen werden in Organisationen stets beide Autoritätsformen divergieren, was für Verwaltungen aufgrund ihrer Orientierung am Prinzip der Verrechtlichung und Legalität in verstärkter Weise zutrifft.

---

1) R. Wunderer/W. Grunwald, Führungslehre, Bd. 2, a.a.O., S. 306.

Es ist erstaunlich, in welch geringem Ausmaß sich Verwaltungen nicht formaler Führungsmittel bedienen. Die Einsicht in die Begrenztheit formaler Führungsmittel sowie die Abhängigkeit ihrer Wirksamkeit von den individuellen Interessenstrukturen und Selbstkonzepten ist offenbar auch in der Gegenwart noch wenig entwickelt.

Eine effektivere Gestaltung der Führungsbeziehungen hinsichtlich einer dauerhaften Stimulierung und Sicherung von Kooperationsbereitschaft und selbstverantwortlicher Initiative bei den Mitarbeitern erfordert eine Ergänzung von formaler durch personale Autorität.
In dieser Hinsicht werden personale Faktoren zu bestimmenden Variablen des organisatorischen Einflußprozesses.[1)]

Im folgenden soll nun ein Führungskonzept umrissen werden, das auf die dargestellte Situation abgestimmt ist.

Vorgesetzte im Beratungsbereich haben danach ein Bündel von Qualifikationen zu erwerben.
Dieses besteht im wesentlichen aus den drei Komponenten:

a) konkretes Sachwissen bezüglich der Beratersituation,
b) Kenntnis eines entsprechenden konzeptionellen Rahmens
und
c) persönlicher, nicht normierbarer Kompetenz der Überzeugung und Stimulation.

---

1) H. Ziegler, Strukturen und Prozesse der Autorität in der Unternehmung, Stuttgart 1970, S. 122.

Zu a):

Führungskräfte benötigen als empirischen Hintergrund ihrer Tätigkeit aus eigenem Erleben Erfahrungen der möglichen Problematik von Interaktionen, deren Ziel Beratung und Hilfe ist. Das unmittelbare Erleben fördert eindeutig das Verständnis für das latente Spannungsverhältnis zwischen der Problemstruktur des Hilfesuchenden und der Interpretation durch den Berater sowie für die überaus große Sensibilität allen fremdbestimmten Einflüssen gegenüber.

Aus diesem Grunde ist die bisher bei der BA geübte Praxis, ehemaligen Beratungskräften auch Führungsfunktionen zu übertragen, zu begrüßen.

Ähnlich verläuft teilweise auch die Beförderungspraxis in Sozialverwaltungen, wo Leiter des allgemeinen sozialen Dienstes in der Regel aus den Reihen der Sozialarbeiter rekrutiert werden.

Zu b):

Die beschriebene prinzipiell günstige Ausgangssituation verliert rasch an Bedeutung, wenn das vorhandene Problembewußtsein nicht durch einen strukturierten Rahmen überformt wird.

Ausgangspunkt dafür ist die Tatsache, daß insbesondere bei Beratern eine stabile Verbindung von Identitätsstruktur und ausgeübter Funktion aufgrund der sich daraus ergebenden intrinsischen motivationalen Effekte notwendig ist. Da bei den Klienten die ihnen im Gespräch gegenübertretende Person stets in ihrer Ganzheitlichkeit erlebt wird, lösen Inkongruenzen hier sofort die Beratung negativ tangierende Effekte aus.

Über Organisationsstruktur oder Vorgesetztenverhalten geschaffene Distanzierung des Beraters zur

Beschäftigungsorganisation kann von ihm nicht isoliert zu den Interaktionsleistungen den Ratsuchenden gegenüber gesehen werden, da seine Tätigkeit nur innerhalb der Organisation möglich und insofern untrennbar damit verbunden ist.

Die Führungsaufgaben werden insofern hier definiert sein müssen als Integration der betreffenden Mitarbeiter in der Beschäftigungsorganisation zum Zwecke der Sicherung stabiler Beratungsqualität.
Mit dem vorangestellten Grundsatz der personalen Autorität kann hier nur eine Konzeption vereinbar sein, die bewußt definierte Freiräume läßt, in denen eigenständige Suchprozesse nach Identität und Umsetzungen des Selbstkonzeptes stattfinden können.
Dies fordert von dem Vorgesetzten zweierlei:
erstens die Einsicht, daß Führung bei diesem Personenkreis nur über persönliche Akzeptanz von seiten der Geführten möglich ist, und zweitens, daß diese nur erreicht werden kann über die bewußte Realisierung beraterischer Freiräume.
Was den Beratern an Vorgaben und Restriktionen hinsichtlich ihrer Aufgabenerfüllung gemacht wird, sollte sehr sorgfältig daraufhin überprüft werden, ob es aufgrund ausdrücklicher rechtlicher Normen zwingend erforderlich ist. Dies bedeutet für den Vorgesetzten die Respektierung des Tätigkeitsraumes der Beratungskraft als deren ganzheitlich wahrgenommenen Aufgabenbereich.

Neben der formalen Gewährung tätigkeitsbezogener Freiräume ist aber eine gleichzeitige Modifizierung der dem Berater gegenüber praktizierten Erwartungshaltung notwendig.

Der beständig, wenn auch teilweise sehr subtil ausgeübte Anpassungsdruck als Summe formaler und informeller Verhaltensstandards stellt ein erhebliches Einflußpotential dar.
Sich ihm zu entziehen, erfordert permanenten psychischen Aufwand und ist im übrigen über das Bewußtsein nur unzureichend zu kontrollieren.
Der den Beratern bei der Ausübung ihrer Tätigkeit zu gewährende Freiraum muß sich somit auf alle Dimensionen erstrecken, die für das Beratungsgeschehen relevant sind.

Der konzeptionelle Rahmen weist für den Vorgesetzten insofern Zonen passiven Verhaltens auf[1], verpflichtet ihn gleichzeitig aber auch zu speziellen Aktivitäten. Sie liegen insbesondere in der Schaffung produktiver Rahmenbedingungen für das Beratungsgeschehen.
Denkbar ist in diesem Zusammenhang eine Planung, Abstimmung und Entscheidung grundsätzlicher Angelegenheiten in teamartigen Strukturen, wobei jedoch die übergreifende Verantwortung dem Vorgesetzten nicht genommen werden kann.
Zu den generellen Angelegenheiten des Vorgesetzten zählen weiterhin die Realisierung eines größeren Wirkungsgrades bzw. eines positiveren Erscheinungsbildes der Organisation in der Öffentlichkeit durch Koordinierung und Verstärkung der Public Relations und die Gewährung einer optimalen Ausstattung der Arbeitsplätze mit die Beratungsqualität verbessernden Hilfsmitteln und Einrichtungen (vor allem sinnvoller Einsatz der EDV zur fallspezifischen Analyse großer Datenmengen).

---

1) Vgl. W.R. Müller, Führung und Identität, a.a.O., S. 149.

Der Vorgesetzte hat darüberhinaus auch ganz allgemein die Aufgabe einer Interessenvertretung gegenüber anderen Stellen und Ebenen in der Organisation.[1]

Der hier skizzierte konzeptionelle Rahmen basiert auf der Annahme des autonomen, nach Selbstverwirklichung strebenden Menschen, der seine Tätigkeit als Teil dieses Verwirklichungsprozesses auffaßt.
Für ihn ist kein Instrumentarium zur Feinsteuerung seiner Aktivitäten, kein Vorschriften- und Vorgabensystem im herkömmlichen Sinne erforderlich.[2]
Im Gegenteil hat hier der Vorgesetzte einen "Führungsraum" bereitzustellen, in dem er konkrete Handlungsfreiheiten gewährt, dessen Grenzen jedoch von ihm definiert und kontrolliert werden.[3]

Zu c):
Das skizzierte Führungskonzept erfordert nicht nur bestimmte Einsichten durch eigene Kenntnis der Beratungspraxis sowie spezielle Verhaltensweisen aufgrund eines angewandten Bezugsrahmens, sondern darüber hinaus ein hohes Maß an stimulierend wirkendem Engagement bei der Realisierung der Leitungsfunktionen. Diese fraglos am schwierigsten und teilweise nur annäherungsweise zu erreichende Komponente personaler Autorität stellt jedoch eine unverzichtbare Grundbedingung dar, welcher die Aufgabe zukommt, Schematismus zu vermeiden und

---

1) Vgl. H. Bosetzky, Systemimmanente Grenzen einer planvollen Verwaltungsführung, in: A. Remer (Hrsg.), Verwaltungsführung, a.a.O., S. 227.
2) Vgl. hierzu die Ausführungen von Türk zum Führungsbedarf von Mitarbeitern mit hohem Professionalisierungsgrad, in: K. Türk, Personalführung und soziale Kontrolle, a.a.O., S. 169 f.
3) Vgl. R. Spinola, Wandel im Bewußtsein - Wandel in der Führung, in: Personal, Heft 4 (1988), S. 131 f.

permanent Impulse im Sinne dieser Führungsauffassung zu geben.
Indem die Führungskraft die beratende Arbeit aus Überzeugung unterstützt und als problemlösende Instanz in diesem Bereich auftritt, wirkt sie bestätigend, fördernd und stabilisierend auf die Berufsausübung der Berater. Hierbei ist von Bedeutung, daß der Mitarbeiter neben der Sicherung seiner beraterischen Freiräume die vom Vorgesetzten ausgehenden Förderungen und Anregungen beraterischer Tätigkeiten nachvollziehen kann.
In diesem Zusammenhang wird von der Führungskraft auch Entlastung bei der Konfrontation der Mitarbeiter mit beratungsspezifischen Problematiken erwartet. Führungsverhalten muß insofern nicht nur als kompatibel mit den Interessenstrukturen der Berater angesehen werden, sondern als diesen förderlich.
Insgesamt muß der Vorgesetzte in der Lage sein, eine beratungsspezifische Leistungskultur zu verkörpern.

Hier werden an die Fähigkeiten der Führungskräfte Ansprüche gestellt, die von dem einzelnen Individuum isoliert kaum geleistet werden können.
Daher sind neben der darauf abgestimmten Sorgfalt bei der Personalauswahl auch für den Vorgesetzten Rahmenbedingungen seiner Tätigkeit zu gewährleisten, die ihn befähigen, dem übertragenem Aufgabenspektrum gerecht zu werden.
Neben einer intensiven Sensibilisierung und Schulung der Führungskraft ist hier von wesentlicher Bedeutung, in welchem Maße auch ihr vergleichbare persönlichkeitsbezogene Entwicklungs- und Realisierungsmöglichkeiten geboten werden bzw. in welcher Weise Rechtfertigungszwänge bestehen.

So sollte eine Legitimation gegenüber vorgesetzten Instanzen sich an der erzielten Wirkung orientieren, nicht aber am Einsatz bestimmter Mittel.

Führung auf der Grundlage der personalen Autorität benötigt letztlich zur Entlastung des Vorgesetzten wie auch zur Förderung einer allgemeinen Integration und Koordination ein flankierendes, handlungsleitendes und normenbildendes System.
An dieser Stelle kommt einer speziellen Verwaltungskultur erhebliche Bedeutung zu.
Sie sollte bei allen Organisationsangehörigen das Bewußtsein für die produzierten Ergebnisse stärken. Eine einheitliche Ausrichtung der Verwaltung auf personenbezogene Dienstleistungen hohen Qualitätsniveaus, zu denen es kaum eine Alternative gibt, kann positive Anreize vermitteln. Ein solcher Orientierungsrahmen bietet darüberhinaus die Chance einer Integration von tätigkeitsbezogenen Ansprüchen der Berater und denen der Vorgesetzten.
Zwischen einer in diesem Sinne akzentuierten Verwaltungskultur und dem konkreten Führungsverhalten besteht die folgende Interdependenz:
Zum einen werden die Mitarbeiter nur jenes Agieren des Vorgesetzten als angemessen und legitim ansehen, das der herrschenden Kultur entspricht, zum anderen reduziert sich der Bedarf an elementarem Führungseinsatz, und dem Vorgesetzten wird so ermöglicht, gezielter und wirksamer seine individuellen Beiträge zu leisten.[1)]

Insgesamt betrachtet erweist sich das umrissene Führungskonzept als eine Verbindung bekannter

---

1) Vgl. M. Ebers, Organisationskultur und Führung, in: Handwörterbuch der Führung, a.a.O., Sp. 1627.

Elemente. Der gewählte Ansatzpunkt der personalen Autorität des Vorgesetzten trägt vor allem der speziellen Bedürfnis- und Akzeptanzstruktur von Beratungskräften Rechnung, deren Integration in die Organisation und kontinuierliche Motivation ein Oberziel dieses Ansatzes darstellt.
Gleichzeitig soll auf diesem Wege aber auch der Führungskraft die Möglichkeit einer Neudefinition ihrer Führungsrolle mit für sie bereichernden und emanzipierenden Effekten eingeräumt werden.

11.2 Vereinbarkeit mit den verwaltungsspezifischen Rahmenbedingungen

Nach der Skizzierung eines Führungskonzeptes für Beratungskräfte in der öffentlichen Verwaltung soll auf deren grundsätzliche Anwendbarkeit unter den herrschenden Rahmenbedingungen eingegangen werden.
Hierbei ist zunächst die Frage zu prüfen, inwieweit die auszuführenden gesetzlichen Vorschriften bestimmte Verhaltensweisen der Führungskräfte erfordern.

Grundsätzlich wird in § 11 Satz 1 des Ersten Buches des Sozialgesetzbuches (SGB I) der Begriff der Dienstleistung erklärt. Er ist hier so umfassend formuliert, daß darunter alle Formen persönlicher immaterieller Betreuung und Hilfe fallen.
Auch die Vermittlungs- und Beratungstätigkeiten der Arbeitsämter nach den §§ 13 ff. des Arbeitsförderungsgesetzes[1] sind hierunter zu verstehen.

---

1) G. Wannagat /Hrsg.), Kommentar zum gesamten Recht des Sozialgesetzbuches, Allgemeiner Teil, Köln Juni 1988: § 11, S. 4.

Entscheidend bei der konkreten Umsetzung der gesetzlichen Vorschriften ist jedoch ihre unmittelbare Bindung an die Person des Ausführenden und dessen situative Interpretation des individuellen Anliegens.
Aus diesem Grunde ist eine klare, detaillierte Regelung oder gesetzliche Inhaltsangabe dieser Dienstleistung kaum möglich.[1] Dennoch existieren generelle Gestaltungsprinzipien für die Erbringung persönlicher Dienste.
Diese haben sowohl umfassend als auch individuell zu erfolgen[2] und sind als Konkretisierung des Sozialstaatsgrundsatzes zu betrachten.
So ist das Anliegen, die soziale Verwaltung leistungsfähiger und gleichzeitig entbürokratisierend zu gestalten, sozialstaatlich nicht nur gerechtfertigt, sondern in besonderem Maße legitimiert.[3]
Aus dem gleichzeitig zu beachtenden Rechtsstaatprinzip folgt allerdings auch die rechtliche Bindung der öffentlichen Gewalt durch klare Kompetenzordnung sowie eine erkennbare Verantwortlichkeit.[4]
Dieses bedeutet für eine Führungskraft in entsprechenden Verwaltungen, daß ihr Verhalten rechtlich grundsätzlich gerechtfertigt ist, wenn
- die Eindeutigkeit der Verantwortung gegeben ist,

---

1) H. Grüner u.a., Sozialgesetzbuch-Kommentar, Percha am Starnberger See, Stand: 15. Febr. 1989, SGB I, § 11, S. 5 f.
2) Vgl. ebenda § 14, S. 14 ff.
3) R. Scholz, Soziale Dienste und Verwaltungsreform, in: Vierteljahreszeitschrift für Sozialrecht, Bd. 1, Berlin 1973, S. 285.
4) R. Scholz, Gutachten über die verfassungs- und verwaltungsrechtlichen Grundlagen und Grenzen der Strukturmodells zur Neuordnung der sozialen Dienste in Berlin, in: Regierender Bürgermeister von Berlin (Hrsg.), Neustrukturierung der sozialen Dienste, Berlin 1974, S. 7.

- die zielentsprechende Ausführung der gesetzlich übertragenen Aufgabe erfolgt und
- letztlich auch die zukünftige Steuerbarkeit der erbrachten Dienstleistungen gewährleistet ist.

Da der hier umrissene Ansatz den genannten Zielsetzungen in allen Punkten entspricht, ist er mit den geltenden Rechtsnormen in jeder Weise vereinbar; insbesondere die Verpflichtung zur Klientenorientierung wird durch sie unterstrichen.

Neben dieser Betrachtungsebene von Vereinbarkeit einer gewandelten Führungsvorstellung mit externer Realität existiert jedoch noch die bürokratieinterne Dimension, mit der sie zusammentrifft. Hier ist es weitaus schwieriger, zu eindeutigen Ergebnissen zu gelangen. Die Problematik ergibt sich aus der Heterogenität bürokratischer Strukturen.

Es fehlt zum einen nicht an Stimmen, die bürokratischen Organisationen ein ausgeprägtes systemimmanentes Beharrungsvermögen unterstellen. Presthus beispielsweise schildert die Unbeweglichkeit dieser Organisationen angesichts sozialer und technologischer Wandlungszwänge.[1] Auch Thompson schreibt bürokratischen Organisationsformen nur eine geringe Innovationsfähigkeit zu.[2] Für Crozier setzt ein bürokratisches System einer Veränderung so lange wie möglich Widerstand entgegen; nur wenn gravierende

---

1) R. Presthus, Individuum und Organisation, Frankfurt/M. 1966, S. 284 f.
2) V.A. Thompson, Bürokratie und Innovation, in: Peter Schmidt (Hrsg.), Innovation, Hamburg 1976, S. 266.

Dysfunktionen sich herausbilden und keine anderen Alternativen bleiben, werde es sich rühren.[1]

Daneben sind allerdings auch Anzeichen für ein verstärktes Innovationspotential von Verwaltungen zu beobachten, wie beispielsweise die bereits beschriebene Situation bei der Deutschen Bundesbahn zeigt.
Für die sich dabei abzeichnenden Wandlungstendenzen kann eine Reihe von Gründen angeführt werden.
Neben den Innovationsimpulsen durch die Wirtschafts-, Sozial- und Verwaltungswissenschaften, einer entsprechenden Reaktion der Verwaltung auf verstärkten Rechtfertigungsdruck sowie ein gestiegenes Anspruchsniveau der Verbraucher von Verwaltungsleistungen kann auch die Zunahme an professionell-orientierten Mitarbeitern, teilweise als Reaktion auf neuartige Problemtypen, seinen Beitrag dazu geleistet haben.[2]

Die hier aufgezeigte Ambivalenz verwaltungseigener Verhaltensweisen darf insgesamt nicht zu dem Schluß verleiten, es sei eine Art Gleichgewicht zwischen den in unterschiedlicher Richtung wirkenden Kräften festzustellen.
Das vorhandene, überaus große Rigiditätspotential dominiert in den einzelnen Verwaltungszweigen nach wie vor. Das Bestreben der Umweltsegmentierung und -kontrolle durch die Anwendung von detailliert entwickelten Konditionalstrukturen kommt gleichzeitig dem weithin vorhandenen Bedürfnis nach

---

1) M. Crozier, Der bürokratische Circulus vitiosus und das Problem des Wandels, in: R. Mayntz (Hrsg.), Bürokratische Organisationen, a.a.O., S. 285.
2) Vgl. H. Bosetzky, Innovative Bürokratie, a.a.O., S. 196 ff.

Reglementierung und Feinsteuerung der Tätigkeitsvollzüge der Mitarbeiter entgegen.
Mit diesen an präzise planbarer Daseinsvorsorge orientierten Leitlinien gängiger Denk- und Verfahrensweisen ist ein theoretisches Konzept, das auf einer grundlegend geänderten Vorgesetztenfunktion beruht, trotz des leicht anzutretenden Beweises objektiver Vorzüge in weiten Teilen (noch) nicht vereinbar.

11.3 Das Problem der Implementierung

Eine Neuorientierung im Führungsbereich theoretisch zu konzipieren und sie in die Organisationspraxis umzusetzen, sind zwei Vorhaben, die zwar miteinander verbunden sind, aber dennoch unterschiedlichen Anforderungskriterien unterliegen.
Grundsätzlich hat jede Veränderung des Status quo in Organisationen sowohl für den davon betroffenen Mitarbeiter wie das Gesamtsystem destabilisierende Aspekte.
Die Berufsrolle des einzelnen wird dadurch zumindest in Teilbereichen tangiert, was zu Wirkungen unterschiedlicher Art führen kann. Als negativ antizipierte Konsequenzen werden lt. Klages und Schmidt vor allem
- Lernaufwand,
- Infragestellung erworbener Kompetenz und Kommunikationsbezüge sowie
- Statusverunsicherung und Statusverlust

herausgestellt.[1)]

---

1) Vgl. H. Klages/R.W. Schmidt, Methodik der Organisationsänderung, Baden-Baden 1978, S. 63 f.

Durch eine Neudefinition von Bezugs- und Wertesystemen kann auch der Prozeß zielgerichteter Handlungsvollzüge in der Organisation beeinträchtigt sein.

Auf der anderen Seite besteht jedoch auch die Möglichkeit, bei den geplanten Änderungen einen Bezug zu dem Bedürfnissystem der Beteiligten herzustellen. Die Bereitschaft, eine neue Verhaltensnorm zu übernehmen, hängt aber nicht nur von dem jeweiligen Zustand der Bedürfnisbefriedigung ab, sondern vor allem von der konkreten Ausgestaltung der neuen Anforderungen.1) Die Verhaltensweisen eines Organisationsmitgliedes können insofern als Resultat eines individuellen Vergleiches von erwartetem Aufwand zum erwartetem Nutzen aufgefaßt werden.
Die Motivation zur aktiven Teilnahme an den Umgestaltungsprozessen kann, der Erwartungs-Theorie von Lawler entsprechend, aus dem vermuteten, subjektiv positiv eingeschätzten Ergebnis der Bemühungen resultieren.2)

In diesem Zusammenhang kommt dem nachvollziehbaren Ertrag für den Organisationsangehörigen eine entscheidende Stellung bei seiner Einbindung in den Umgestaltungsprozeß zu.
Das zukünftige Verhalten wird neben den geschilderten Faktoren auch von der Einschätzung der eigenen Fähigkeiten in Relation zu den neuen Erwartungshaltungen bestimmt. Wird hier im Ergebnis vom Individuum

---

1) R. Koch, Implementationsstrategien als Beschränkungen für Änderungserfolge in der öffentlichen Verwaltung, in: C. Böhret (Hrsg.), Verwaltungsreform und Politische Wissenschaft, Baden-Baden 1978, S. 57.
2) Vgl. E.E. Lawler, Motivierung in Organisationen, Bern, Stuttgart 1977, S. 77.

eine Überforderung antizipiert und damit verbunden die Unmöglichkeit, den Verwaltungserwartungen gerecht zu werden, so wird es sich nicht an den Änderungen beteiligen oder einen hemmenden Einfluß ausüben.[1]

Hierbei ist von maßgebender Bedeutung, ob es sich bei der bevorstehenden Neuerung beispielsweise um eine Änderung in der Ablauforganisation handelt, der man sich passiv anpaßt, oder ob ein neues Führungskonzept implementiert werden soll, das ein hohes Maß eigener Aktivitäten erfordert.

Im öffentlichen Dienst ergibt sich der Grad der Akzeptanz grundsätzlich aus den prägenden Rahmenbedingungen sowie den situativen Anreizangeboten.[2]
Der Dienstherr erwartet im Grundsatz von seinen Bediensteten die Anpassung an wechselnde Verhaltensnormen im Rahmen der allgemeinen Gehorsamspflicht. Anpassungsleistungen werden unter diesem Aspekt zu Routinehandlungen.

Erwartungen an verändertes Führungsverhalten, die nicht auf dem Erlernen von Sozialtechniken beruhen, sondern auf der Gesamtheit personaler Wirkungen basieren, lassen sich allerdings auf diesem Wege nicht einlösen. Hier bedarf es einer gezielten Führungskräfte-Entwicklung, deren Ziel es sein muß, nicht nur die Akzeptanz bei den betroffenen Personen zu erreichen, sondern sie auch zu motivieren und zu befähigen, dem ihnen nahegebrachten Konzept zu entsprechen.

---

1) A.A. Neubauer, Organisationsentwicklung in der öffentlichen Verwaltung, Frankfurt/M. 1981, S. 74.
2) Vgl. R. Koch, Management von Organisationsänderungen in der öffentlichen Verwaltung, Berlin 1982, S. 141.

Der wesentliche Gehalt des hier skizzierten Ansatzes liegt nicht in der kognitiven Beherrschung eines bestimmten Wissens; aus diesem Grunde können die Inhalte auch nur unvollkommen auf ausschließlich rationaler Basis vermittelt werden.
Führung im Rahmen personaler Autorität, die bewußt der Identitätsfindung durch Aufgabenbewältigung verpflichtet ist, die möglichst wenig reglementieren, dennoch präsent sein und durch nachvollziehbares, positiv bewertetes Handeln stimulieren will, gleicht somit eher einer Philosophie als einer Technik. Als eine solche muß sie mit aller Glaubwürdigkeit und Überzeugungskraft der Zielgruppe nahegebracht werden. Personale Autorität kann daher nicht wie eine Sozialtechnik vermittelt werden. Um sie zu entwickeln oder weiterzuentwickeln bedarf es eben nicht nur der Kenntnis bestimmter Kommunikationstechniken oder Motivationsformen, mit denen sich die weit überwiegende Anzahl aller Führungskräfte befassen.[1]
Hier ist ein wesentlich breiterer Orientierungsrahmen und ein darauf aufbauendes, entsprechendes Handlungskonzept erforderlich.

Wie aber kann diese personale Autorität als Oberbegriff eines bewußten, akzeptierten und als legitim empfundenen Führungsstils vermittelt werden? Dies kann nur durch ein System geschehen, das sich mehrerer Übermittlungsebenen bedient. Hierbei sind sowohl Sachinformationen, z.B. über die spezielle Belastung von Beratungssituationen oder über identitätsorientierte Motivationsstrukturen im

---

1) R. Fisch/S. Fiala, Wie erfolgreich ist Führungstraining?,in: Die Betriebswirtschaft, 44. Jg., Heft 2 (1984), S. 200.

Beratungsbereich notwendig wie darüber hinaus Beiträge, die Vorgesetzten Einsichten und Fähigkeiten für entsprechende personale Wirkungen vermitteln.
Die Erkenntnis allein, ein bestimmtes Führungsverhalten bewirke eine deutliche Verbesserung gegenüber der bisherigen Situation, bedeutet noch nicht unmittelbar eine Befähigung dazu.
Um diese zu erreichen, ist ein Wandlungsprozeß der Führungskräfte notwendig, der die Betreffenden in die Lage versetzt, Gestaltungsspielräume bei der Aufgabenerledigung der Mitarbeiter, konkrete Unterstützung und Erhöhung deren Wirkungsgrades als Ausfluß des ihnen selbst gewährten Freiraumes zu sehen. Mit anderen Worten: die Führungskräfte geben den ihnen gewährten Spielraum weiter in der Überzeugung, auf diesem Wege ihrer Funktion optimal gerecht zu werden.

Die Implementierung der beschriebenen Entwicklung bedarf neben der Vermittlung der Überzeugung, daß hierfür tatsächlich geeignete Freiräume zur Verfügung stehen, die der Dienstherr zu diesem Zweck bewußt einräumt, weiterhin der Schaffung von Anreizfaktoren in einem akzeptierten Verhältnis zu den geforderten Leistungen.[1)]
Die Berufsrolle eines Vorgesetzten im Sinne dieses theoretischen Ansatzes muß für den jeweiligen Träger einen entsprechenden spezifischen Anreizcharakter gewinnen.[2)]

---

1) Vgl. zur Motivation für spezielle Aufgabengebiete R. Koch, Implementationsstrategien als Beschränkungen für Änderungserfolge in der öffentlichen Verwaltung, a.a.O., S. 63.
2) Vgl. H. Wicher, Handlungsspielraum und Organisationsgestaltung, Strukturierungsentscheidungen einer strategischen Organisationsentwicklung, in: Zeitschrift für Führung und Organisation, 56. Jg., Heft 1 (1987), S. 31.

Werden die offerierten Handlungsmöglichkeiten von Führungs- und Fachkräften wahrgenommen, kann sich daraus nicht nur die Mobilisierung von Leistungspotentialen ergeben, sondern auch die Neudefinition von Einbindungsmustern durch die geschaffene Möglichkeit des Erfahrens selbstinitiierter Wirkungen.[1]
Diese Situation wird sich ihrerseits wiederum stabilisierend auf den Fortgang der Implementation auswirken.

Die Einführung des beschriebenen Ansatzes setzt eine eindeutige Entscheidung der jeweiligen Organisationsleitung voraus.
Der Umsetzungsprozeß wird sich in der Regel zumindest am Anfang auf jene Bereiche in dem System konzentrieren, in denen schwerpunktmäßig Beratungsleistungen anfallen, und könnte zu späteren Zeitpunkten mit unter Umständen bereichsspezifischen Modifikationen auch auf andere Teile der Organisation übertragen werden.

In jedem Fall bedarf es bei dem Vertrautmachen der Führungskräfte mit diesem Konzept eines größeren zeitlichen Rahmens, in dem ein gestuftes Vorgehen von der Vermittlung kognitiver Inhalte über den Versuch, Nachvollziehbarkeit zu erreichen, bis hin zur Schaffung von Möglichkeiten der allmählichen individuellen Entwicklung einer persönlich überzeugenden Führungsform stattfindet.

---

1) Vgl. K. Türk, Einbindungsmuster und ihre Wirkungen auf das Verhalten in Organisationen, in: G. Reber (Hrsg.), Personal- und Sozialorientierung der Betriebswirtschaftslehre, Bd. 1, Stuttgart 1977, S. 83 ff.

Dabei wird jedoch eine explizite Einteilung des Implementierungsprozesses in verschiedene Phasen, wie dies bei Organisationsentwicklungsprojekten üblich ist[1] , nicht für erforderlich gehalten.

Ohnehin ist in diesem Rahmen nicht an eine Organisationsentwicklungsmaßnahme im klassischen Sinne gedacht, da hier die geplanten Entwicklungsprozesse im personalen und strukturellen Bereich nicht gleichgewichtig verlaufen.[2]
Die geförderte individuelle Entwicklung der Führungskräfte - und von dort weitergetragen an die übrigen Mitarbeiter - steht gegenüber einer strukturellen Veränderung eindeutig im Vordergrund, wenn auch die permanenten Interdependenzen zwischen beiden Bereichen nicht geleugnet werden.
Dieses entspricht im übrigen einem Trend in der Suche nach neuen theoretischen und praktischen Ansätzen im Rahmen von für erforderlich gehaltenen Veränderungsbemühungen der Organisationsleitungen.[3]

1) Vgl. L. de la Houssaye, Das Organisation-Entwicklungsmodell des NPI, in: F. Glasl/L. de la Housaye (Hrsg.), Organisationsentwicklung, Bern 1975, S. 16 ff.
2) Vgl. A.A. Neubauer, Organisationsentwicklung in der öffentlichen Verwaltung, a.a.O., S. 148.
3) R. Pieper, Diskursive Organisationsentwicklung, Berlin, New York 1988, S. 4 f.

11.4 Voraussetzungen einer Entscheidung zugunsten veränderter Führungsformen

Veränderungsvorhaben im Führungsbereich stellen für jede Organisation ein Problem besonderer Dimension dar, weil hier ein Bereich des Selbstverständnisses der Institution und ihrer maßgebenden Entscheidungsträger tangiert wird.

Führung ist eben keine isolierte Variable, die beliebig und ohne Interdependenzen zur Disposition steht, sondern sie beeinflußt Erwartungshaltung und Motivation der Mitarbeiter.
Gleichzeitig werden durch die Präferierung einer bestimmten Führungsform auch die Vorgesetzten zu bestimmten Verhaltensweisen veranlaßt.

Aufgrund einer Entscheidung über die Einführung neuer Führungsformen ist in der Zukunft mit Konsequenzen hinsichtlich einer Veränderung der formalen und informellen Interaktionsstruktur innerhalb der Organisation zu rechnen, die in ihrer Ausprägung nur schwer vorauszusagen sind. Insofern ist eine solche Entscheidung mit Unsicherheiten für die Organisationsleitung und insbesondere die Vorgesetztenebene verbunden.
Verändertes Führungsverhalten bedeutet in jedem Fall einen Eingriff in organisationsspezifische Regeln und Strukturen, es verändert die "Spielregeln", wie Friedberg es ausdrückt.[1] Hieraus können sich für die einzelnen Mitarbeiter Veränderungen ihres Dispositionsrahmens und unter Umständen damit verbunden

---

1) Vgl. E. Friedberg, Zur Politologie von Organisationen, Publication series of the International Institute of Management, Wissenschaftszentrum Berlin, Berlin 1977, S. 17 ff.

Veränderungen ihres Einflusses in der Organisation ergeben, die von Vorgesetzten als zu ihren Lasten gehend interpretiert werden können.
Die Entscheidungsträger werden aber ihr Verhalten ebenso wie alle übrigen Organisationsteilnehmer im Rahmen der existierenden Grenzen an ihrer individuellen "Strategie", d. h. ihren subjektiven Nutzenvorstellungen, ausrichten.[1)]
Aus diesem Grunde sind eine Reihe von individuellen Motiven denkbar, wie z.B. Angst vor Destabilisierung des bisherigen Einflußbereiches, aus denen heraus eine Entscheidung nicht getroffen bzw. vertagt wird.

Voraussetzung für eine positive Stellungnahme gegenüber neuen Führungsformen ist nach dieser individualistischen Betrachtungsweise eine Kompatibilität von eigenen Präferenzen mit den an eine solche Einführung geknüpften Erwartungen.

Die Innovationsfreudigkeit von Verwaltungen ist ein Gegenstand der ökonomischen Theorie der Bürokratie. Downs stellt in dieser Hinsicht fest, daß Verwaltungen, die stagnieren oder gar in ihrer Existenz bedroht sind, zu konservativem Verhalten neigen, während dieses bei entsprechenden Institutionen in Wachstumsphasen nicht in dem Maße der Fall ist.[2)]
Nach einer von ihm durchgeführten Untersuchung über die Bedingungen von Innovationen in Bürokratien treten diese u.a. um so eher auf,

---

1) Vgl. E. Friedberg, Zur Politologie von Organisationen, Publication series of the International Institute of Management, Wissenschaftszentrum Berlin, Berlin 1977, S. 6 ff.
2) Vgl. A. Downs, Inside Bureaucracy, Boston 1966, S. 10 ff.

- je schneller sich die Umwelt und die technische Kapazität ändert,
- je stärker der Innovationsdruck von außen ist,
- je stärker das Arbeitsfeld einer Verwaltung mit wissenschaftlichen Erkenntnisbereichen verbunden ist und
- je weniger das Personal intern rekrutiert wird.[1]

Demnach müssen Innovationen, wie eine Wandlung im Führungsverhalten, in Bürokratien sowohl von der Sachlage als auch von den personellen Faktoren her günstige Voraussetzungen vorfinden.

Positiv kann sich in dieser Hinsicht ein externer oder interner Problemstau auswirken, der eine Dimension erreicht hat, die zu Konsequenzen zwingt.
Dies kann beispielsweise eine an bestimmte Verhaltensweisen der Bediensteten ansetzende Kritik sein oder eine offenbar unzureichende Arbeitszufriedenheit, die sich in Indikatoren wie hoher Krankenstand oder erheblicher Personalfluktuation niederschlägt.

Eine nicht zu unterschätzende Voraussetzung für die Initiierung einer Veränderung mit weitreichenden Konsequenzen ist daneben das Vorhandensein einer ausreichenden Machtbasis der Entscheidungsträger.
Bei Entscheidungsprozessen dieser und anderer Art wirken sich die häufig verzerrten Informationen der Verwaltungsleitungen aus, die aufgrund der kanalisierten Informationsflüsse in Bürokratien entstehen.
Diese Datenbasis weist tendenziell insofern eine Asymmetrie auf, als Informationen, die den Interessen

---

1) Vgl. A. Downs, Inside Bureaucracy, Boston 1966, S. 202.

der Institution entsprechen, bevorzugt weitergegeben und stärker gewichtet werden als diejenigen, die den Intentionen der Organisation zuwiderlaufen.

Die konservative Grundhaltung kommt auch in der zeitlichen Reaktion auf sich ergebende Ansprüche und Anforderungen zum Ausdruck.
Trotz entstehender Probleme bestehen die etablierten Strukturen in unveränderter Weise fort, bis Konfliktpotential einer Dimension entstanden ist, das eine ausdrückliche Lösung erforderlich macht. Luhmann spricht in diesem Zusammenhang von einem Rhythmus von Stetigkeit und spezifisch definierten Krisen.[1]

Bürokratische Entscheidungsprozesse wie die Umsetzung neuer Führungskonzepte, unterliegen einer besonderen Problematik. Diese ist gekennzeichnet von einem Widerspruch zwischen den an die Organisation herangetragenen Forderungen und dem als adäquat angesehenen Reservoir an Problemlösungstechniken. Der "Gleichgewichtszustand" bzw. das "Überleben" von Verwaltungen hängt letztlich von der Fähigkeit ab, sich den permanent verändernden Anforderungen anzupassen, wobei jedoch die besondere Schwierigkeit darin besteht, daß eine angemessene Reaktion auf die an sie herangetragenen Ansprüche nicht über die Verstärkung der herkömmlichen, bewährten Strukturen und Problemlösungstechniken zu erreichen ist, sondern nur über deren Veränderung.[2]
Anders ausgedrückt: Bürokratische Organisationen werden ständig zu Wandlungen gedrängt, zu denen sie

1) N. Luhmann, Funktionen und Folgen formaler Organisationen, a.a.O., S. 62.
2) W. Slesina/H. Krüger, Zur Theorie und Praxis der Organisationsentwicklung, in: Zeitschrift für Arbeitswissenschaft, 32. Jg., Heft 3 (1978), S. 169.

aufgrund ihrer internen Problemlösungsressourcen nicht ohne weiteres in der Lage sind. Die Neigung zur Stabilität steht im Gegensatz zu dem Erfordernis des Wandels.

Dieser Konflikt löst sich in der Verwaltungsrealität häufig erst durch die Erkenntnis der Unvermeidbarkeit einer Veränderung, da ansonsten negative Gesamtwirkungen in einem Ausmaß befürchtet werden, die auch die Positionen der Entscheidungsträger tangieren können.

Aber auch in solchen Fällen erfolgt der Anpassungsprozeß häufig nur bis zu dem Grade, der zu einer Senkung des Konfliktpotentials unter die als kritisch angesehene Grenze führt.

L i t e r a t u r v e r z e i c h n i s

Ackermann, Karl-Friedrich; Reber, Gerhard (Hrsg.), Personalwirtschaft. Motivationale und kognitive Grundlagen, Stuttgart 1981.

Akademie für Jugendfragen Münster (Hrsg.), Superversion im Spannungsfeld zwischen Person und Institution, Freiburg im Breisgau 1979.

Althoff, Klaus; Thielepape, Michael, Psychologie in der Verwaltung, Herford 1978.

Arbeitsförderungsgesetz (AFG), Stand: Mai 1990.

Argyris, Chris, Integrating the Individual and the Organization, New York 1964.

Aronson, Elliot; Pines, Ayala M.; Ditsa, Ausgebrannt, in: Psychologie heute, Heft Nr. 10 (1983), S. 21 - 27.

Ausbildungs-, Studien- und Prüfungsordnung für Beratungsfachkräfte in der Bundesanstalt für Arbeit (ASPO) vom 25. Febr. 1980, in der Fassung der Änderung vom 27. Aug. 1985, in: Amtliche Nachrichten der Bundesanstalt für Arbeit, 1985, S. 1373 - 1399.

Atteslander, Peter, Methoden der empirischen Sozialforschung, 4. erw. Aufl., Berlin, New York 1975.

Bachmair, Sabine u.a., Beraten will gelernt sein, 3. Aufl., Weinheim, Basel 1985.

Banner, Gerhard, Personal- und Organisationspolitik - was geschieht ohne Dienstreform? KGSt Mitteilungen, Sonderdruck, Febr. 1981.

Banner, Gerhard, Unterwegs zu einer internen Verwaltungskultur?, in: Carl Böhret u.a. (Hrsg.), Planung in öffentlicher Hand, Opladen 1977, S. 79 - 92.

Barnard, Chester J.,
The Funktions of the executive, 17. Aufl., Cambridge, Mass. 1966.

Baumgarten, Reinhard,
Führungsstile und Führungstechniken, Berlin, New York 1977.

Bertsch, Linus,
Die Rolle des Berufsberaters. Eine empirische Rollenanalyse, Zürich 1979.

Bisani, Fritz,
Personalführung, 2. Aufl., Wiesbaden 1981.

Blake, Robert R.; Mouton, Jane S.,
Verhaltenspsychologie im Betrieb, Düsseldorf, Wien 1964.

Blaume, Karl,
Höherer Dienst bei der Bundesanstalt für Arbeit, Blätter zur Berufskunde, 2. Aufl., Bielefeld 1985.

Bleicher, Knut,
Führungsstile, Führungsformen und Organisationsformen, in: Zeitschrift für Organisation, Heft 1 - 2 (1969), S. 31 - 40.

Blinkert, Baldo u.a.,
Berufskrisen in der Sozialarbeit. Eine empirische Untersuchung über Verunsicherung, Anpassung und Professionalisierung von Sozialarbeitern, 2. Aufl., Weinheim, Basel 1976.

Böhret, Carl; Junkers, Marie Therese,
Führungskonzepte für die öffentliche Verwaltung. Schriften des Deutschen Instituts für Urbanistik, Bd. 55, Stuttgart 1976.

Böhret, Carl u.a.,
Herausforderungen an die Innovationskraft der Verwaltung, Opladen 1987.

Bosetzky, Horst,
Die "kameradschaftliche Bürokratie" und die Grenzen der wissenschaftlichen Untersuchung von Behörden, in: Die Verwaltung, Heft 4 (1971), S. 325 - 335.

Bosetzky, Horst,
Innovative Bürokratie, in: Die öffentliche Verwaltung, Heft 6, März 1979, S. 194 - 201.

Bosetzky, Horst; Heinrich, Peter,
Mensch und Organisation, 3. Aufl., Köln 1980.

Breuer, Franz,
Psychologische Beratung und Therapie in der Praxis, Heidelberg 1979.

Büschges, Günther,
Einführung in die Organisationspsychologie, Stuttgart 1983.

Bundesanstalt für Arbeit (BA), Seminare zum Führungsverhalten, Teilnehmerunterlage Baustein II, Stand: Dez. 1988.

Bundesanstalt für Arbeit (BA), Richtlinien für die Berufsberatung des Vorstandes für Arbeitsvermittlung und Arbeitslosenversicherung vom 14. März 1968, in: Amtliche Nachrichten der Bundesanstalt für Arbeit, 1969, Heft 2, S. 87 - 100.

Bundesanstalt für Arbeit (BA), Vorläufige Fachliche Anweisungen zur Durchführung der Aufgaben der Berufsberatung bei den Arbeitsämtern, in: RdErl. 43/69.

Bundesanstalt für Arbeit (BA), Informationen für die Beratungs- und Vermittlungsdienste der BA (ibv), Nr. 49, vom 7. Dez. 1988, S. 2195 - 2201 sowie
ibv-Doku-Ausgabe 15/87 zu ibv, Nr. 36 vom 2. Sept. 1987, S. 7302 - 7305.

Bundesanstalt für Arbeit (BA), Runderlasse der Bundesanstalt für Arbeit: 278/72; 154/74; 128/75; 55/77; 26/78; 109/78; 5/86.

Bundesbeamtengesetz (BBG), Stand: Mai 1990.

Bundessozialhilfegesetz (BSHG), Stand: Mai 1990.

Crozier, Michel; Friedberg, Erhard,
Macht und Organisation. Die Zwänge kollektiven Handelns, Königstein/Ts. 1979.

Daheim, Hansjürgen,
Der Beruf in der modernen Gesellschaft, 2. Aufl., Köln, Berlin 1970.

Deichsel, Stephan,
Praxisberatung ausgesetzt, in: Informationen für die Beratungs- und Vermittlungsdienste der BA, Nr. 20 vom 17. Mai 1989, S. 965 - 966.

Dorow, Wolfgang,
Unternehmenskonflikte als Gegenstand unternehmenspolitischer Forschung, Berlin 1978.

Downs, Anthony,
Inside Bureaucracy, Boston 1966.

Ebens, Mark,
Organisationskultur und Führung, in: Handwörterbuch der Führung, Stuttgart 1987, Sp. 1619 - 1630.

Eilsberger, Rupert,
Was könnte die öffentliche Verwaltung vom Management amerikanischer Top-Firmen lernen?, in: Verwaltungsführung, Organisation, Personal, Heft 3 (1985), S. 136 - 140.

Einsiedler, Herbert E.; Rau, Sabine;
von Rosenstiel, Lutz,
Karrieremotivation bei Führungskräften, in: Die Betriebswirtschaft, 47. Jg., Heft 2 (1987), S. 177 - 183.

Esser, Martin,
Immer gut beraten?, in: arbeit und beruf. Fachzeitschrift für die Aufgaben der BA, Heft 10 (1985), S. 302 - 3o3.

Esser, Martin,
Praxisberatung in der Erprobung, in: Informationen für die Beratungs- und Vermittlungsdienste der BA, Nr. 44 vom 31. Okt. 1984, S. 1557 - 1559.

Evans, Martin G.,
The Effects of Supervisory Behavior on the Path-Goal-Relationship, in: Organizational Behavior and Human Performance, 5. Jg. (1970), S. 277 - 298.

Faulstich-Wieland, Hannelore,
Beratung im Bildungssystem, Duisburg 1981.

Faulstich-Wieland, Hannelore,
"Die nehmen einem alle Illusionen". Zum Verhältnis von Jugendlichen und Beratungssituationen, in: Mitteilungen aus der Arbeitsmarkt- und Berufsforschung, Heft 2 (1985), S. 225 - 232.

Fiedler, Fred E.; Chemers, M.M.; Mahar, L.,
Der Weg zum Führungserfolg, Stuttgart 1979.

Fiedler, Fred E.,
A theory of leadership effectiveness, New York 1967.

Fisch, Rudolf; Fiala, Sylvia,
Wie erfolgreich ist Führungstraining?, in: Die Betriebswirtschaft, 44. Jg., Heft 2 (1984), S. 193 - 203.

Franke, Heinrich,
Die Bundesanstalt für Arbeit im System der sozialen Sicherung. Aufgaben und Praxis der Bundesanstalt für Arbeit, Heft 1, Stuttgart 1985.

Franke, Joachim; Kühlmann, Torsten M.,
Führungsgrundsätze - sind sie Pflichtübung oder echte Hilfe?, in: io Management-Zeitschrift, 55. Jg., Heft 2 (1986), S. 80 - 81.

Friedberg, Erhard,
Zur Politologie von Organisationen. Publication series of the International Institute of Management, Wissenschaftszentrum Berlin, Berlin 1977.

Friederichs, Jürgen; Lüdtke, Hartmut,
Teilnahmende Beobachtung, 3. Aufl., Weinheim, Basel 1977.

Frischknecht, Eric,
Die Berufsberater, ihre Tätigkeit und Arbeitssituation, Zürich 1985.

Führungsgrundsätze der Volkswagen AG vom 3.3.1983.

Fürst, Walter; Strecker, Arved,
Beamtenrecht, Heidelberg 1987.

Gebert, Dieter; von Rosenstiel, Lutz,
Organisationspsychologie, Stuttgart 1981.

Gieseke-Schmelzle, Wiltrud,
Die Professionalisierungsdiskussion und ihre Relevanz für pädagogische Berufe, Oldenburg 1984.

Glasl, Friedrich; de la Houssaye, Leopold,
Organisationsentwicklung, Bern 1975.

Gortner, Harold E.,
Administation in the Public Sector , 2. Aufl., New York u.a. 1981.

Grochla, Erwin,
Unternehmensorganisation, Reinbek bei Hamburg, 1972.

Grüner, Hans u.a.,
Sozialgesetzbuch-Kommentar, Percha am Starnberger See, Stand: 15. Febr. 1989.

Grunow, Dieter,
Personalbeurteilung. Empirische Untersuchung von Personalbeurteilungssystemen in Wirtschaft und Verwaltung, Stuttgart 1976.

Günther, Jürgen (Hrsg.),
Quo vadis Industriegesellschaft? Perspektiven zu Führungsfragen von morgen, Heidelberg 1984.

Haeberlin, Friedrich,
Berufsberatung aus der Sicht von Wissenschaft und Forschung. Erster Bericht der wissenschaftlichen Begleitung zum Erprobungsprojekt Praxisberatung, in: Informationen für die Beratungs- und Vermittlungsdienste der BA, Nr. 33 vom 13. Aug. 1986, S. 999 - 1006.

Haeberlin, Friedrich,
Kurzbericht über die Befragung von Teilnehmern am Erprobungsprojekt Praxisberatung im ersten Quartal 1986, Oktober 1986, in: Informationen für die Beratungs- und Vermittlungsdienste der BA, Doku-Ausgabe 24/86 zu ibv, Nr. 51 vom 17. Dez. 1986, S. 6489 - 6492.

Haeberlin, Friedrich,
Wissenschaftliche Begleitung des Erprobungsprojekts Praxisberatung. Zusammenfassung der Befunde und Ergebnisse, in: Informationen für die Vermittlungsdienste der BA, ibv-Doku-Ausgabe 15/87 zu ibv, Nr. 36 vom 2. Sept. 1987, S. 7295 - 7301.

Hampp, Rainer,
Leistungsmotivation - aber wie?, in: Verwaltungsführung, Organisation, Personal, 7. Jg., Heft 6 (1985), S. 282 - 289.

Heckhausen, Heinz,
Leistung und Chancengleichheit, Göttingen 1974.

Hegner, Friedhart,
Das bürokratische Dilemma, Frankfurt/M. 1978.

Heinen, Edmund; Dill, Peter,
Unternehmenskultur - Überlegungen aus betriebswirtschaftlicher Sicht, in: Zeitschrift für Betriebswirtschaft, 56. Jg. Heft 3 (1986), S. 202 - 218.

Helfer, Inge,
Die tatsächlichen Berufsvollzüge der Sozialarbeiter - Daten und Einstellungen, Frankfurt 1971.

Hentze, Joachim; Brose, Peter,
Personalführungslehre, Stuttgart 1986.

Herrmann, K.,
Berufsberatung als Entscheidungshilfe, in: Berufsberater-Seminar in Neustift bei Brixen, Südtirol, veranstaltet vom Amt für Berufsberatung der Südtiroler Landesregierung, 1975.

Herzberg, Frederick,
Work and the Nature of Man, London 1968.

Herzberg, Frederick; Mansner, Bernard; Synderman, Barbara B.,
The Motivation to Work, 2. Aufl., New York 1959.

Hill, Wilhelm; Fehlbann, Raymond; Ulrich, Peter,
Organisationslehre, Bd. 1 u. 2, 2. Aufl., Bern, Stuttgart 1976.

Hoefert, Hans-Wolfgang; Reichert, Christoph (Hrsg.),
Leistungsprinzip und Leistungsverhalten im öffentlichen Dienst, Stuttgart 1979.

Höhn, Reinhard,
Verwaltung heute. Autoritäre Führung oder modernes Management, Bad Harzburg 1970.

Hofstetter, Helmut,
Die Leiden der Leitenden. Zur Pathologie intrapersonaler und interpersonaler Störungen von Führungskräften in Organisationen, München 1980.

Holleis, Wilfried,
Unternehmenskultur und moderne Psyche, Frankfurt/M. 1987.

Hopf, Christel; Weingarten, Elmar (Hrsg.), Qualitative Sozialforschung, Stuttgart 1979.

Hornstein, Walter u.a., Beratung in der Erziehung, Bd. 2, Frankfurt/M. 1977.

Houssaye, Leopold de la, Das Organisations-Entwicklungsmodell des NPI, in: Friedrich Glasl/Leopold de la Houssaye (Hrsg.), Organisationsentwicklung, Bern 1975, S. 15 - 28.

Jeserich, Wolfgang, Mitarbeiter auswählen und fördern. Assessment Center Verfahren, München 1981.

Katz, Daniel; Kahn, Robert L., The social psychology of organizations, New York 1966.

Keller, Josef A., Grundlagen der Motivation, München 1981.

Kieser, Alfred; Reber, Gerhard; Wunderer, Rolf, Handwörterbuch der Führung, Stuttgart 1987.

Klages, Helmut; Schäfer, Peter (Hrsg.), Leistungsmotivation und Leistungsanreize im öffentlichen Dienst, Speyer 1985.

Klages, Helmut; Schmidt, Rolf W., Methodik der Organisationsänderung, Baden-Baden 1978.

Koch, Rainer, Führung in der öffentlichen Verwaltung, in: Die Betriebswirtschaft, 46. Jg. Heft 1 (1986), S. 45 - 56.

Koch, Rainer, Implementierungsstrategien als Beschränkungen für Änderungserfolge in der öffentlichen Verwaltung, in: Carl Böhret (Hrsg.), Verwaltungsreform und Politische Wissenschaft, Baden-Baden 1978, S. 53 - 66.

Koch, Rainer, Management von Organisationsänderungen in der öffentlichen Verwaltung, Berlin 1982.

Koch, Rainer,
Organisationsplanung für den Personalbereich, Berlin 1978.

König, René,
Die Beobachtung, in: René König (Hrsg.), Handbuch der empirischen Sozialforschung, Bd. 2, 3. Aufl., Stuttgart 1973, S. 1 - 65.

Kommunale Gemeinschaftsstelle für Verwaltungsvereinfachung, Bericht Nr. 12/75 vom 23. Juni 1975, Beurteilung von Mitarbeitern.

Krappmann, Lothar,
Soziologische Dimensionen der Identität, 7. Aufl., Stuttgart 1988.

Kronenwett-Löhrlein, Eva,
Aktuelle Probleme in der Berufsberatung für Abiturienten und Hochschüler, in: arbeit und beruf, Fachzeitschrift für die Aufgaben der Bundesanstalt für Arbeit, Heft 2, (1984), S. 40 - 43.

Kube, Edwin,
Führungsmodelle, moderne Führungsgrundsätze und Managementtechniken in der Verwaltungspraxis, in: Deutsches Verwaltungsblatt, 88. Jg. (1973), S. 869 - 876.

Kübler, Hartmut,
Organisation und Führung in Behörden. Bd. 1: Organisatorische Grundlagen; Bd. 2: Personalwesen, 4. Aufl., Stuttgart 1980.

Küpper, Willi; Ortmann, Günther,
Mikropolitik in Organisationen, in: Betriebswirtschaft, 46. Jg., Heft 5 (1986), S. 590 - 602.

Küpper, Willi; Ortmann, Günther (Hrsg.),
Mikropolitik, Rationalität, Macht und Spiele in Organisationen, Opladen 1988.

Küpper, Willi; Schulze, Herbert,
Führungstechniken, in: Handwörterbuch der öffentlichen Betriebswirtschaft, Stuttgart 1989, Sp. 416 - 424.

Kuster, Fritz,
Fachkunde für den Dienst beim Arbeitsamt, 5. Aufl., Stuttgart 1976.

Lamneck, Siegfried,
Qualitative Sozialforschung, Bd. 1: Methodologie, München, Einheim 1988.

Landorff, Lutz,
"Mitarbeiter" gesucht, in: abi Berufswahl-Magazin, Heft 1 (1988), S. 24 - 27.

Landsberg, Georg von,
Verlauf und Ergebnis von Berufsberatungsgesprächen, Frankfurt/M. 1977.

Lange, Elmar,
Strukturmerkmal sozialwissenschaftlicher Beratungsberufe, in: Rainer Mackensen/Felizitas Sagebiel (Hrsg.), Soziologische Analysen, Berlin 1979, S. 625 - 630.

Lange, Elmar,
Zur Konstruktion sozialwissenschaftlicher Beratungsberufe, in: Rainer Mackensen/Felizitas Sagebiel (Hrsg.), Soziologische Analysen, Berlin 1979.

Lange, Elmar; Büschges, Günther,
Aspekte der Berufswahl in der modernen Gesellschaft, Frankfurt/M. 1975.

Lattmann, Charles,
Führungsstil und Führungsrichtlinien, Bern 1975.

Lau, Thomas u.a.,
Innovative Verwaltungsarbeit, Frankfurt/M., New York 1986.

Laux, Eberhard,
Führungsverhalten und Führungsstil, Köln 1974.

Laux, Eberhard,
Führung und Führungsorganisation in der öffentlichen Verwaltung. Beiträge zur Diskussion, Stuttgart 1975.

Laux, Eberhard,
Managementmodelle für die öffentliche Verwaltung?, in: Deutsches Verwaltungsblatt, 87. Jg. (1972), S. 167 - 172.

Laux, Eberhard,
Personalplanung im öffentlichen Dienst. Anforderungen und Realitäten, in: Die Verwaltung, 9. Jg. Heft 2 (1976), S. 137 - 160.

Lawler, Eduard E.,
Motivierung in Organisationen, Bern/Stuttgart 1977.

Leavitt, Harold J.,
Grundlagen der Führungspsychologie, 2. Aufl., München 1979.

Lehner, Franz,
Einführung in die Neue Politische Ökonomie, Königstein/Ts. 1981.

Lepper, Manfred,
Förderung des Führungsnachwuchses als Teil der Personalplanung, in: Verwaltungsführung, Organisation, Personal, Heft 3 (1987), S. 95 - 100.

List, Karl-Heinz,
Gibt es den "richtigen" Führungsstil?, in: Frankfurter Zeitung, Blick durch die Wirtschaft, Nr. 57 vom 23.3.1987.

Litschel, Erwin,
Die Berufsberatung durch die Bundesanstalt für Arbeit, Regensburg 1988.

Litschel, Erwin,
Querschnittskommentar zur Berufswahl und Berufsberatung, Regensburg 1984.

Luckmann, Thomas; Sprondel, Walter Michael,
Berufssoziologie, Köln 1972.

Luhmann, Niklas,
Funktionen und Folgen formaler Organisationen, Berlin 1964.

Luhmann, Niklas; Mayntz, Renate,
Personal im öffentlichen Dienst - Eintritt und Karrieren, Anlageband 7 zum Bericht der Studienkommision für die Reform des öffentlichen Dienstrechtes, Baden-Baden 1973.

Macharzina, Klaus,
Neuere Entwicklungen in der Führungsforschung, in: Zeitschrift für Organisation, Heft 1 und 2 (1977), S. 7 - 16 und S. 101 - 108.

Macharzina, Klaus; Oechsler, Walter A.,
Personalmanagement, Bd. 1 und 2, Wiesbaden 1977.

Manstetten, Rudolf,
Das Berufsberatungsgespräch. Eine empirische Analyse der beruflichen Einzelberatung in der Berufswahl- und Berufsberatungssituation Jugendlicher, Trier 1975.

March, James G.; Simon, Herbert A.,
Organizations, New York 1958.

Matenaar, Dieter,
Organisationskultur und organisatorische Gestaltung, Berlin 1983.

Mayntz, Renate (Hrsg.),
Bürokratische Organisationen, 2. Aufl., Köln, Berlin 1971.

Mayntz, Renate,
Soziologie der öffentlichen Verwaltung, Heidelberg 1978.

Mayntz, Renate; Reghmann, Klaus; Ziegler, Rolf,
Organisation, Militär, in: René König (Hrsg.), Handbuch der empirischen Sozialforschung, Bd. 9, 2. Aufl., Stuttgart 1977, S. 1 - 95.

Mayntz, Renate; Ziegler, Rolf,
Soziologie der Organisation, in: Handbuch der empirischen Sozialforschung, Bd. 2, Stuttgart 1973, S. 444 - 513.

McGregor, Douglas,
Der Mensch im Untenehmen, 3. Aufl., Düsseldorf, Wien 1973.

Meisel, Harry,
Die deutsche Berufsberatung. Aufgaben und Praxis der Bundesanstalt für Arbeit, Heft 10, Stuttgart 1978.

Meisener, Hans-Eberhard,
Personalpolitik, Köln, Berlin, Bonn, München 1982.

Merlet, Heidi,
Bleibt die Qualität auf der Stecke? Berufsberatung nach der Einführung von Datenverarbeitung, in: Gewerkschaftliche Bildungspolitik, Heft 4 (1988), S. 127 - 130.

Morel, Julius; Meleghy, T.; Preglau, Max (Hrsg.),
Führungsforschung. Kritische Beiträge, Göttingen 1980.

Moser, Ulrich,
Psychologie der Arbeitswelt und der Arbeitsstörungen, 2. Aufl., Bern 1965.

Müller, Werner R.,
Führung und Identität, Bern (u.a.) 1981.

Münz, Thor,
Gehobener Dienst bei der Bundesanstalt für Arbeit, Blätter zur Berufskunde, 4. Aufl., Bielefeld 1986.

Müri, Peter,
Der Chef: Viele Rollen - eine Persönlichkeit, in: io Management-Zeitschrift, 55. Jg. Heft 7/8 (1986), S. 320 - 323.

Neubauer, Arthur Arich,
Organisationsentwicklung in der öffentlichen Verwaltung, Frankfurt/M. 1981.

Neuberger, Oswald,
Arbeit: Begriff, Gestaltung, Motivation, Zufriedenheit, Stuttgart 1985.

Neuberger, Oswald,
Das Mitarbeitergespräch, München 1976.

Neuberger, Oswald,
Ergebnisse der Führungsstil-Forschung und Neuorientierung, in: Wirtschaftswissenschaftliches Studium, Heft 1 (1976), S. 13 - 19.

Neuberger, Oswald,
Führen und geführt werden, 3. völlig neu bearbeitete Auflage von "Führung", Stuttgart 1990.

Neuberger, Oswald,
Mikropolitik als Gegenstand der Personalentwicklung, in: Zeitschrift für Arbeits- und Organisationspsychologie, 33. Jg. (1989), S. 40 - 46.

Neuberger, Oswald,
Mikropolitik und Unternehmenskultur, in: Personalführung, 18. Jg. Heft 11 (1989), S. 1030 - 1043.

Neuberger, Oswald,
Organisation und Führung, Stuttgart 1977.

Nocke, Joachim,
Wissen in der Organisation, Berlin 1980.

Oechsler, Walter A.,
Personal und Arbeit. Einführung in die Personalwirtschaft, München 1985.

Otto, Hans-Uwe; Utermann, Kurt (Hrsg.),
Sozialarbeit als Beruf - Auf dem Wege zur Professionalisierung?, München 1971.

Pieper, Rüdinger,
Diskursive Organisationsentwicklung, Berlin, New York 1988.

Preglau, Max,
Organisation, Führung und Identität, in: Julius Morel (Hrsg.), Führungsforschung. Kritische Beiträge, Göttingen 1980, S. 133 - 169.

Presthus, Robert,
Individuum und Organisation, Frankfurt/M. 1966.

Rasche, Hans O.,
Personalmanagement und Unternehmenskultur, in: Personal, Heft 3 (1986), S. 90 - 93.

Reichard, Christoph,
Betriebswirtschaftslehre der öffentlichen Verwaltung, 2. Aufl., Berlin, New York 1987.

Reimermann, Heinrich; Reichmann, Gerhard,
Verwaltung und Führungskonzepte, Berlin 1978.

Reinhard, W.,
Die Identität von Organisationen, Bonn 1983.

Remer, Andreas (Hrsg.),
Verwaltungsführung, Berlin 1982.

Richtlinien für die Verwaltungsführung im Bunde (RVF), Berlin 1974.

Rodgers, Carl R.,
Die klientenzentrierte Gesprächspsychotherapie, München 1972.

Rosenstiel, Lutz von,
Die motivationalen Grundlagen des Verhaltens in Organisationen. Leistung und Zufriedenheit, Berlin 1975.

Rosenstiel, Lutz von; Molt, Walter; Rüttinger, Bruno,
Organisationspsychologie, 4. Aufl., Stuttgart 1979.

Rühli, Edwin,
Die Richtlinien für die Verwaltungsführung im Bunde (RVF), in: Verwaltungspraxis, Heft 10, 33. Jg. (1979), S. 3 - 7.

Schaefer, Joachim,
Berufsberatung und Schülerberg, in: arbeit und beruf, Fachzeitschrift für die Aufgaben der Bundesanstalt für Arbeit, 27. Jg. Heft 9 (1976), S. 251 - 258.

Schäfer, Peter,
Personalbeurteilung und Beurteilungssysteme, Speyer 1985.

Schanz, Günther,
Wertwandel als personalpolitisches und organisatorisches Problem, Teil 1: Wertwandel und Arbeitsorientierung, in: Wirtschaftswissenschaftliches Studium, 14. Jg. Heft 11 (Nov.1985), S. 559 - 565.

Scharrmann, Theodor u.a.,
Berufsbild Berufsberater Berufsberaterin, Denkschrift des Deutschen Verbandes für Berufsberatung e.V., Frankfurt/M. 1984.

Scheerbarth, Walter; Höffken, Heinz,
Beamtenrecht, 4. Aufl., Siegburg 1982.

Schein, Edgar H.,
Organizational psychology, Englewood Cliffs, New Jersey, 2. Aufl. 1972.

Schluchter, Wolfgang,
Aspekte bürokratischer Herrschaft, München 1972.

Schmidbauer, Wolfgang,
Die hilflosen Helfer. Über die seelische Problematik der helfenden Berufe, Reinbek bei Hamburg 1977.

Schmidbauer, Wolfgang,
Helfen als Beruf: die Ware Nächstenliebe, Reinbek bei Hamburg 1983.

Schnell, Rainer; Paul B.; Esser, Elke,
Methoden der empirischen Sozialforschung, München 1988.

Scholz, Rupert,
Gutachten über die verfassungs- und verwaltungsrechtlichen Grundlagen und Grenzen des Strukturmodells zur Neuordnung der sozialen Dienste in Berlin, in: Regierender Bürgermeister von Berlin (Hrsg.), Neustrukturierung der sozialen Dienste, Berlin 1974.

Scholz, Rupert,
Soziale Dienste und Verwaltungsreform, in: Vierteljahreszeitschrift für Sozialrecht, Bd. 1, Berlin 1973, S. 283 - 313.

Schreyögg, Georg; Steinmann, Horst; Zauner, Brigitte,
Arbeitshumanisierung für Angestellte, Stuttgart 1978.

Schröder, Helmut,
Die Funktion und Rolle des Berufsberaters, Beiträge zur Arbeitsmarkt- und Berufsforschung 132, Nürnberg 1989.

Schuller, Alexander,
Qualifikation und Institution - Versuch einer Bestimmung professioneller Handlungsmuster in Institutionen medizinischer und sozialer Dienstleistungen, Stuttgart 1978.

Schwarz, Günther,
Wertwandel als personalpolitisches und organisatorisches Problem, Teil 1: Wertwandel und Arbeitsorientierung, in: Wirtschaftswissenschaftliches Studium, Heft 11 (1985), S. 559 - 565.

Schwarzer, Christine,
Perspektiven der Pädagogischen Beratungswissenschaft (= Arbeitsberichte Nr. 2), Düsseldorf: Universität, Erziehungswissenschaftliches Institut, 1986.

Seidel, Eberhard,
Betriebliche Führungsformen, Stuttgart 1978.

Siedentopf, Heinrich,
Führung - zur Neuorientierung eines Begriffes, in: Thomas Ellwein u.a. (Hrsg.), Jahrbuch zur Staats- und Verwaltungswissenschaft, Bd. 2, Baden-Baden 1988, S. 149 - 168.

Siegwart, Hans; Probst, Gilbert J.B. (Hrsg.), Mitarbeiterführung und gesellschaftlicher Wandel, Bern, Stuttgart 1983.

Siepmann, Heinrich u. Ursula, Verwaltungsorganisation, Köln 1981.

Slesina, Wolfgang; Krüger, Heidi, Zur Theorie und Praxis der Organisationsentwicklung, in: Zeitschrift für Arbeitswissenschaft, 32. Jg., Heft 3 (1978), S. 165 - 185.

Sozialgesetzbuch, Stand: Mai 1989.

Spinola, Roland, Wandel im Bewußtsein - Wandel in der Führung, in: Personal , Heft 4 (1988), S. 130 - 133.

Stroebe, Rainer W., Grundlagen der Führung: Führen, Führungskraft, Mitarbeiter, Gruppe, 3. Aufl., Heidelberg 1980.

Super, Donald E., Vocational adjustment implementing a self-concept. Occupation 30, 1951, S. 88 - 92.

Taylor, Frederick Winslow, Die Grundsätze wissenschaftlicher Betriebsführung, Weinheim, Basel 1977.

Thieme, Werner, Verwaltungslehre, 3. Aufl., Köln, Berlin, Bonn, München 1977.

Thompson, James P., Organizations in action, New York 1967.

Thompson, Victor A., Bürokratie und Innovation, in: Peter Schmidt (Hrsg.), Innovation, Hamburg 1976, S. 266 - 284.

Türk, Klaus, Einbindungsmuster und ihre Wirkungen auf das Verhalten in Organisationen, in: G. Reber (Hrsg.), Personal- und Sozialorientierung der Betriebswirtschaftslehre, Bd. 1, Stuttgart 1977, S. 83 - 110.

Türk, Klaus, Grundlagen einer Pathologie der Organisation, Stuttgart 1976.

Türk, Klaus, (Hrsg.),
Organisationstheorie, Hamburg 1975.

Türk, Klaus,
Personalführung und soziale Kontrolle, Stuttgart 1981.

Verordnung über die Laufbahnen der Bundesbeamten vom 15.11.1978, geändert durch Verordnung vom 5.11.1980 und vom 8.7.1981.

Vorwerg, Gisela,
Führungsfunktion in sozialpsychologischer Sicht, Berlin 1971.

Wannagat, Georg (Hrsg.),
Kommentar zum gesamten Recht des Sozialgesetzbuches, allgemeiner Teil, Köln, Juni 1988.

Weber, Max,
Wirtschaft und Gesellschaft, 5. Aufl., Tübingen 1976.

Weinberger, Sabine,
Klientenzentrierte Gesprächsführung, Weinheim, Basel 1980.

Weinert, Ansfried B.,
Lehrbuch der Organisationspsychologie, München, Wien, Baltimore 1981.

Weinert, Ansfried B.,
Mensch und Organisation, Karriereentwicklung und Selbstfindung als vernachlässigte Perspektiven des Menschen in einer sich rasch verändernden Arbeitwelt, in: Zeitschrift für Organisation, Teil 1: Heft 4 (1985), S. 233 - 239; Teil 2: Heft 8 (1985), S. 473 - 478.

Weltz, Friedrich,
Aus Schaden dumm werden, zur Lernschwäche von Verwaltungen, in: Office Management, Jg., Heft 5 (1986), S. 532 - 534.

Wicher, Hans,
Handlungsspielraum und Organisationsgestaltung. Strukturierungsentscheidungen einer strategischen Organisationsentwicklung, in: Zeitschrift für Organisation, Heft 1 (1987), S. 27 - 32.

Wieringa, C.,
Superversion in ihren unterschiedlichen Entwicklungsphasen, in: Akademie für Jugendfragen Münster (Hrsg.), Superversion im Spannungsfeld zwischen Person und Institution, Freiburg im Breisgau 1979.

Wiggins, Jerry S.; Moody, A.,
Identifying effective counselors through client-supervisions ratings and personality - environmental variables, in: the Vocational Guidance Quarterly, 1983, 31,
S. 259 - 269.

Wild, Jürgen,
Betriebswirtschaftliche Führungslehre und Führungsmodelle, in: J. Wild (Hrsg.), Unternehmensführung, Festschrift für E. Kosiol zu seinem 75. Geburtstag, Berlin 1974, S. 141 - 179.

Wild, Jürgen,
MbO als Führungsmodell für die öffentliche Verwaltung, in: Die Verwaltung, Bd. 6 (1973),
S. 283 - 316.

Wiswede, Günter,
Motivation und Arbeitsverhalten, München 1980.

Wolf, Georg,
Führungspraxis für die öffentliche Verwaltung, München 1980.

Wunderer, Rolf (Hrsg.),
Führungsgrundsätze in Wirtschaft und öffentlicher Verwaltung, Stuttgart 1983.

Wunderer, Rolf; Grunwald, Wolfgang,
Führungslehre Bd. 1 und 2, Berlin, New York 1980.

Wunderer, Rolf; Grunwald, Wolfgang;
Moldenhauer, Peter,
Personalbeurteilung als Führungsmittel, Bundesakademie für öffentliche Verwaltung - Werkpapiere, Nr. 6, Juni 1979.

Ziegler, Helmut,
Strukturen und Prozesse der Autorität in der Unternehmung, Stuttgart 1970.

Made in the USA
Las Vegas, NV
13 November 2024

11567855R10146